REINVENTANDO-SE DEPOIS DOS **50 ANOS DE IDADE**

O GEN | Grupo Editorial Nacional – maior plataforma editorial brasileira no segmento científico, técnico e profissional – publica conteúdos nas áreas de ciências sociais aplicadas, exatas, humanas, jurídicas e da saúde, além de prover serviços direcionados à educação continuada e à preparação para concursos.

As editoras que integram o GEN, das mais respeitadas no mercado editorial, construíram catálogos inigualáveis, com obras decisivas para a formação acadêmica e o aperfeiçoamento de várias gerações de profissionais e estudantes, tendo se tornado sinônimo de qualidade e seriedade.

A missão do GEN e dos núcleos de conteúdo que o compõem é prover a melhor informação científica e distribuí-la de maneira flexível e conveniente, a preços justos, gerando benefícios e servindo a autores, docentes, livreiros, funcionários, colaboradores e acionistas.

Nosso comportamento ético incondicional e nossa responsabilidade social e ambiental são reforçados pela natureza educacional de nossa atividade e dão sustentabilidade ao crescimento contínuo e à rentabilidade do grupo.

RAFAEL D'ANDREA

REINVENTANDO-SE DEPOIS DOS **50 ANOS DE IDADE**

COMO FAZER TRANSIÇÃO DE CARREIRA
E CARREIRAS-BÔNUS

O autor e a editora empenharam-se para citar adequadamente e dar o devido crédito a todos os detentores dos direitos autorais de qualquer material utilizado neste livro, dispondo-se a possíveis acertos caso, inadvertidamente, a identificação de algum deles tenha sido omitida.

Não é responsabilidade da editora nem do autor a ocorrência de eventuais perdas ou danos a pessoas ou bens que tenham origem no uso desta publicação.

Apesar dos melhores esforços do autor, do editor e dos revisores, é inevitável que surjam erros no texto. Assim, são bem-vindas as comunicações de usuários sobre correções ou sugestões referentes ao conteúdo ou ao nível pedagógico que auxiliem o aprimoramento de edições futuras. Os comentários dos leitores podem ser encaminhados à **Editora Atlas Ltda.** pelo e-mail faleconosco@grupogen.com.br.

Direitos exclusivos para a língua portuguesa
Copyright © 2019 by
Editora Atlas Ltda.
Uma editora integrante do GEN | Grupo Editorial Nacional

Reservados todos os direitos. É proibida a duplicação ou reprodução deste volume, no todo ou em parte, sob quaisquer formas ou por quaisquer meios (eletrônico, mecânico, gravação, fotocópia, distribuição na internet ou outros), sem permissão expressa da editora.

Rua Conselheiro Nébias, 1384
Campos Elísios, São Paulo, SP — CEP 01203-904
Tels.: 21-3543-0770/11-5080-0770
faleconosco@grupogen.com.br
www.grupogen.com.br

Designer de capa: Caio Cardoso
Imagem de capa: Pobytov | iStockphoto
Editoração Eletrônica: Marcelo S. Brandão

CIP-BRASIL. CATALOGAÇÃO NA PUBLICAÇÃO
SINDICATO NACIONAL DOS EDITORES DE LIVROS, RJ

D176r

    D'Andrea, Rafael

    Reinventando-se depois dos 50 anos de idade : como fazer transição de carreira e carreira-bônus / Rafael D'Andrea. São Paulo : Atlas, 2019.

    Inclui bibliografia

    ISBN 978-85-97-01902-5

    1. Profissões – Desenvolvimento. 2. Orientação profissional. 3. Profissões – Mudança. 4. Sucesso nos negócios. I. Título.

18-53060   CDD: 650.14
                                                                    CDU: 331.548

Leandra Felix da Cruz – Bibliotecária – CRB-7/6135

PREFÁCIO

> *"Caminante, no hay camino; se hace camino al andar."*
>
> Antonio Machado

Nas muitas competições da vida estamos sempre esperando os pontos de CHEGADA. A avidez por acessar esses pontos quase nunca nos permite uma avaliação consistente do caminho percorrido e das escolhas determinantes de o termos seguido. Assim é no campo da nossa carreira profissional.

De onde partimos? Quais elementos nos levaram a escolher tais percursos? Fizemos realmente ESCOLHAS?

Há situações na PARTIDA nas quais só tivemos uma opção. E então, como autômatos, nem sequer tivemos o benefício da escolha. Não nos restava outro caminho. E o destino estava determinado. Fomos na direção dele. E sobrevive, ao final, a saudade do não vivido.

Outros tempos existem nos quais as encruzilhadas nos colocam em conflito. Só temos duas opções de caminho. Quase sempre a escolha obtida nesse tempo sufoca muitos desejos, expectativas, esperanças e afetos. Em tais situações, o ponto de chegada pode parecer-nos um momento adequado para afirmar, como o poeta: "talvez que amanhã, em outra paisagem, digas que foi vã toda essa viagem" (Fernando Pessoa). Mesmo sabendo, na consciência, o valor do percurso, tendemos a reprová-lo.

Há contextos aparentemente mais favoráveis. Quando as circunstâncias vigentes na ocasião da escolha são ricas a ponto de nos oferecerem múltiplas possibilidades, temos um labirinto aberto à frente. Na imaturidade da juventude, com poucas experiências de referência para interpretar a realidade, podemos perder-nos na confusão representada pela riqueza de hipóteses. E a nossa escolha, então, pode levar-nos a percursos nada duradouros, muitas vezes interrompidos pela insegurança, antes de conhecidos e aproveitados no todo. Podemos, mesmo, muitas vezes, ter vivido um período de congelamento, perdidos, sem escolha, diante da variedade de ofertas de caminhos. Mas o tempo nos impõe decisão e nem sempre ficamos em paz com o percurso realizado.

Há ainda experiências pessoais de escolha intuitiva de caminho profissional, percebida precocemente, apadrinhada pela família e instituições formadoras da pessoa. No caso não existem dúvidas, só certezas e um direcionar-se fielmente, sem divisões internas, para a realização do objetivo desejado. Não se quer, então, apressar a CHEGADA, pois a cada dia renova-se a motivação para a viagem. Aqui, finalizar a carreira pode ser a perda do sentido de toda uma vida!

Qualquer que tenha sido nossa experiência de partida, é muito importante avaliar o DESTINO a que chegamos. Ele pode ser o lugar onde desejamos permanecer. Ou pode ser nova oportunidade de empreender escolhas. Nesse ponto, a consciência de que a Vida é feita de gerúndios e não de particípios é muito bem-vinda. Entender CHEGADAS como *pit stops* abre-nos a visão para novas paisagens adiante... Amadurecer a consciência dos caminhos percorridos é favorável ao abrir-se para novas viagens.

Apropriar-nos dos valores que nos orientaram e deram suporte nos trajetos praticados ajuda-nos a ficar em paz com as escolhas. Entender que nossa hierarquia de valores é dinâmica e amadurece com nossos percursos confere-nos liberdade para cultivar novos olhares para o futuro. Os valores do Agora suportam as escolhas do Agora.

Aposentadoria é tempo de sair do "eu tenho que" para o "eu posso". Eu tenho poder e autorização para decidir a respeito de minha própria vida. É tempo de ficar em paz e festejar o já conquistado ou iluminar-se para vislumbrar novos destinos. Quem sabe, libertar Beethoven sufocado nas antigas escolhas impostas por valores e tempos e pessoas de restrições; ou talvez adquirir os pincéis e as tintas só olhadas com o desejo e não levadas para casa; ou mesmo manusear ferramentas de mecânico ou marceneiro, desejadas na infância sonhadora; quem sabe, talvez, empreender agora o negócio que atraiu antes e não foi possível viabilizar; quem sabe, acordar a mala ou mochila dormente no depósito para empreender novas viagens e conquistar novo mapa da Vida. Ou, talvez, aproximar-se do teclado ou da caneta e expressar os textos guardados na memória e no coração. Talvez seja tempo de encarar a malha rica de caminhos e fazer do endereço habitado até agora o prefácio de um novo capítulo da vida.

Toda a minha digressão até aqui pretende ser apenas uma forma de sugerir ao leitor o texto valioso que Rafael D'Andrea nos oferece. Ele aborda, com técnica e sentimento, a aventura de recomeçar.

Tive o prazer de acompanhar a concepção, o amadurecimento e a construção deste trabalho e sou testemunha da coerência, profundidade e dedicação mostradas pelo autor na produção da obra. Eis a sua grande contribuição humana: enquanto busca respostas para si mesmo, disponibiliza valiosos subsídios aos outros para encontrarem saídas para suas questões. Em tempos de "compartilhamento", o tesouro de cada um agrega um pouco, ou muito, ao grande capital humano. Rafael é grande contribuinte.

A escrita empenhada do autor estimula e orienta os olhares para elaborar, amadurecer e impulsionar novas escolhas. É de grande auxílio para trazer à consciência o fato de a identidade ser maior que a soma de todos os papéis desempenhados na vida. Assim como, para o ator, cada novo personagem amplia seu acervo de recursos de desempenho, novas conquistas de mudança de carreira ampliam a percepção do próprio Ser e do próprio valor pessoal.

Caro leitor, convido-o a usufruir da leitura proveitosa da qual já me beneficiei. Nela, Rafael anuncia, como Fernando Pessoa: "Tudo vale a pena se a Alma não é pequena". E não é.

Geszer Pires de Camargo
Coach de Vida. Palestrante.

AGRADECIMENTOS

Algumas pessoas tiveram bons chefes ao longo da carreira, professores extraordinários e colegas inspiradores. Conjunto a isso, eu também vivenciei a fortuna de encontrar um Mestre muito sábio em minha vida. Esse precioso Mestre (budista) me ensinou por meios hábeis um caminho para a transformação e integração do indivíduo. Sem esse respaldo eu não teria acreditado que seria possível reinventar-me e superado as dificuldades do mundo em que vivo. E poderia ter caído no engano fundamental dos que se conformam em ser um tipo de pessoa no trabalho, lugar em que a razão predomina, e outra em casa, onde ficaria o coração. Em tempo, percebi que não podemos fingir para nós mesmos. E a vontade de ser autêntico e inteiro prevaleceu. Em vez de ser passivo, decidi agir proativamente sempre, com a clareza de que somos um produto das nossas decisões, inclusive quando elegemos não fazer escolhas. Sou grato por ter desenvolvido essa consciência.

Do lado familiar, tive a sorte de ser apoiado pela minha esposa, Erika, sempre solidária e confiante. Isso me ajudou muito nos momentos de dúvida. Agradeço toda a força que ela me dá nesse *work in progress* que é a minha carreira.

Também quero agradecer aos meus amigos do INSEAD e ao Airton Zanini, um verdadeiro *coach* e amigo. Tampouco posso deixar de destacar os participantes anônimos do meu estudo. Tenho especial gratidão ao Agnaldo Lima, que depositou confiança em meu trabalho, incentivando-me a escrever sobre um tema no qual ainda sou iniciante, apesar dos mais de 20 anos de carreira.

Procuro retribuir tanto suporte por meio desta obra. Se não a escrevesse, sinto que estaria desperdiçando todo o amor que foi manifestado nas causas e condições que tive para chegar até aqui. Por isso, assumi a dura missão de colocar as minhas ideias no papel. Dedico este livro aos meus pais, que, mesmo com eventuais críticas, nunca deixaram de expressar o genuíno desejo de me ver feliz.

Sinceramente, espero que minhas ideias funcionem apenas como pontes para novos estágios de desenvolvimento pessoal para aqueles que estão em transição de carreira neste momento. Também espero que possam servir como fonte de autoconhecimento para profissionais que ainda não atingiram essa fase, mas que já perceberam a inevitabilidade da mudança no âmbito do trabalho e desejam se preparar para serem felizes em suas transições futuras.

VÍDEOS DO AUTOR

Nesta seção, o autor apresenta vídeos de entrevistas nas quais discorre sobre os assuntos relacionados ao tema da obra.

O acesso aos vídeos é feito via QR Code. Para reproduzi-los, basta ter um aplicativo leitor de QR Code instalado no *smartphone* e posicionar a câmera sobre o código. É possível acessar os vídeos também por meio da URL que aparece abaixo do código.

Entrevista do autor na Rádio CBN

uqr.to/crih

Fonte: Rádio CBN. "Mundo Corporativo: Rafael D'Andrea ajuda você a mudar de carreira depois dos 50 anos." Disponível em: <https://www.youtube.com/watch?v=G1uU8Scc0QI>. Acesso em: 2 out. 2018.

Assista à entrevista completa do autor, Rafael D'Andrea, com Agnaldo Lima, editor de Gestão e Negócios do Grupo GEN.

Na página seguinte, você poderá assistir à mesma entrevista de acordo com o assunto de sua preferência.

Entrevista completa

uqr.to/crij

Apresentação e o que é carreira-bônus	uqr.to/criy
O que motivou o desenvolvimento da pesquisa	uqr.to/crik
A busca do ponto de chegada	uqr.to/crim
A consciência da gestão da carreira do profissional	uqr.to/crin
O "novo trabalho": significado e flexibilidade	uqr.to/crio

Quais os maiores desafios para transição de carreira	 uqr.to/crir
Como as empresas e os profissionais de RH precisam olhar para este cenário	 uqr.to/criu
A necessidade da transição e a relação com a busca da felicidade	 uqr.to/criv
Recomendação para quem está iniciando ou vivendo o momento de transição	 uqr.to/criw

SUMÁRIO

Introdução, *1*

PARTE I
RECOMEÇOS POSSÍVEIS

1. **Histórias de vida e de carreira,** *9*
   - Sobre o meu avô e eu, *9*
   - Minha transição, *11*
   - Consolidando a nova carreira, *14*

2. **Para construir uma carreira com significado,** *17*
   - Carreira e identidade, *17*
   - Uma nova janela a partir dos 50 anos, *20*
   - Carreira com autenticidade, *22*
   - O trabalho como antídoto à passagem do tempo, *25*
   - Sonho de infância, *26*
   - Criando valores, *29*

3. **Surge um novo estagiário,** *33*
   - Cedo demais para se aposentar, *33*

- Carreiras-bônus e o legado profissional, 34
- Transições tardias, 38
- Contemplar a mudança, 40
- Mente aberta para o aprendizado, 41
- A aposentadoria não é o ponto final, 42
- Um segundo "florescer" para a carreira, 43

4. **Despedindo-se da carreira antiga, 47**
   - Quando deixar a ocupação atual?, 47
   - Aumento da autoconsciência como catalisador para mudança, 50
   - Transições involuntárias de carreira, 52
   - Propósito como motivador da transformação, 53

5. **Conheça a si mesmo, 57**
   - Conhecer as habilidades é mais importante do que dominar o conteúdo, 57
   - Aposta segura, 63
   - Conteúdo como parte do sucesso na carreira-bônus, 66

6. **Superação de barreiras para a transição, 75**
   - A preparação financeira, 75
   - Armadilhas do sucesso, 77
   - Ajuda de um *coach* profissional, 79
   - Transcendendo a lógica, 81
   - *Role models* como guias para a ação, 85
   - Aprender na prática, 87

PARTE II
RECOMENDAÇÕES

- Você não está sozinho no "caos" da transição, *91*

7. **Deixar a ocupação atual para trás, 95**
   - Em transições de carreira, começamos pelo fim, *95*
   - Um olhar de fora para dentro, *97*
   - Gatilho: quais são os seus limites de tolerância?, *101*
   - Avaliação: qual é o melhor momento para sair?, *105*
   - Planejamento: quais são as minhas metas?, *110*

8. **Zona de transição: escolhendo a sua nova carreira, 115**
   - Uma amostra do sucesso, *115*
   - Inspiração, motivação, informação e decisão de carreira, *117*
   - Inspiração: quais outras possíveis ocupações me atraem?, *118*
     » Seja curioso como uma criança, *119*
   - Motivação: fazendo escolhas, *121*
   - Critérios para decisão de carreira, *123*
   - Informação: como saber em quais áreas eu me daria melhor?, *125*
     » Escolha carreiras em que sabe que será competente, *125*
     » A capacidade de aprender uma nova habilidade, *126*
     » Dicas para não errar, *127*
   - Decisão: instrumentos para eleger a nova carreira, *129*
     » Transição com atividade paralela, *129*
   - Volta aos bancos escolares, *131*

- Período sabático como instrumento de autoconhecimento, *131*
- Comprometimento com a nova carreira, *136*
- Compartilhe sua narrativa e sinta a reação, *137*
- Ideias de ocupação para os mais experientes, *139*

9. O recomeço em uma nova carreira, 141

- Integração: critérios de eficácia e criação de sentido, *141*
- Desenvolvimento: acelerando a curva de aprendizado, *143*
- Riscos: evite desgastes desnecessários, *145*
- Alavancas: use o diferencial da experiência para prosperar, *147*

10. A criação de um legado profissional, 149

- Envelhecer produtivamente, *149*
- Criando um legado, *150*

11. Diversidade etária nas organizações, 153

- O desperdício de talentos nas empresas, *153*
- Instrumentalizando as organizações para reter profissionais experientes, *156*
- Para saber mais sobre a pesquisa que deu origem à obra, *158*

Considerações finais, 161

Referências, 165

INTRODUÇÃO

Por que alguém escolheria iniciar uma carreira totalmente nova como última empreitada profissional em vez de aproveitar os resultados de uma jornada prévia de sucesso? Neste livro, eu mergulhei na mente de profissionais bem-sucedidos em fase final de carreira a fim de compreender os fatores motivacionais que os levaram a reiniciar drasticamente em diferentes campos de atuação, mesmo sem precisar fazer isso.

Esta obra é o resultado de uma pesquisa que iniciei no programa de mestrado do INSEAD, em 2016, envolvendo executivos e empresários de várias nacionalidades. Chamei o fenômeno de "carreiras-bônus", por tratar-se de trilhas profissionais completamente novas, iniciadas no momento de pós-carreira principal dos participantes da pesquisa (todos com idade a partir dos 50 anos). Apesar de ter me baseado em um estudo acadêmico, o livro não se propõe a informar alunos nem professores da área. Minha intenção é falar com o indivíduo em transição, ou que pensa em iniciar uma nova carreira, independentemente da idade.

Ao me aprofundar no assunto, descobri uma atitude pró-trabalho relacionada à aposentadoria que tem sido promovida por vários setores da sociedade, incluindo a maioria dos governos e ONGs, criando um desejo coletivo em direção a um envelhecimento mais produtivo. O aumento da expectativa de vida de pessoas de vários países reenergizou as carreiras de profissionais mais velhos. A aposentadoria precoce não é mais o plano ideal.[1] O novo paradigma desta era é talvez permanecer economicamente ativo o maior tempo possível. Entretanto, não é qualquer trabalho que representa o tipo certo de serviço para homens acima dos 50 anos de idade. O trabalho desejado é um que traga significado, uma rotina flexível e a emoção de novos desafios, conteúdos e relacionamentos, um pouco de diversão e que seja consistente com os valores do indivíduo, sem ameaçar a sua autoimagem ou o seu ajuste social. Obviamente, para a maioria que precisa trabalhar existe um hiato entre aquele desejado e o efetivamente alcançado. Porém, isso pode ser temporário, e a busca pelo ideal deveria servir como inspiração para todos os que decidem ou simplesmente precisam mudar de carreira após os 50 anos.

Para falar sobre o tema, dividi este livro em duas partes. Na primeira utilizo as narrativas dos próprios participantes da minha pesquisa para contextualizar e explicar o fenômeno da transição de carreira após os 50 anos de idade. A primeira porção da obra, portanto, fornece ao leitor uma possível sequência de decisões feitas por pessoas que já poderiam se aposentar, mas querem continuar trabalhando, e analisam a opção de ingressar em uma área drasticamente diferente da anterior. Minha meta com isso não é saturar o leitor com definições e conceitos, tampouco apresentar "o estado da arte" no assunto. As histórias contadas pelos participantes do meu estudo são suficientemente ilustrativas para conectar o leitor que está passando por situação semelhante, permitindo que este se localize em meio ao caos das transições tardias de carreira.

As entrevistas reais que embasaram esta obra permitiram ainda mapear as principais questões financeiras, o apoio de familiares, gatilhos para abandonar o trabalho anterior, assim como os fatores motivacionais para a escolha de uma nova carreira e as estratégias de decisão envolvidas nas transições.

Na segunda parte do livro, tento compartilhar essas informações de maneira organizada, mas não exaustiva, juntamente com boas práticas contadas por quem já viveu a transição e por outros autores que também estudaram o tema com a mesma ótica dos estágios de desenvolvimento do indivíduo. Apresento, portanto, recomendações pessoais, embasadas na interpretação das narrativas registradas e na literatura existente, no intuito de oferecer um guia de transição mais estruturado ao leitor.

Ao longo de toda a obra é possível reconhecer alguns pontos comuns entre as narrativas e recomendações: sua sequência, os sentimentos envolvidos na transição e a estratégia de decisão que os participantes utilizaram em suas próprias migrações para carreiras-bônus. Isso foi possível porque todas as pessoas que participaram dos meus estudos demonstraram um elevado autoconhecimento e um alto nível de motivação sobre o que não queriam para si. Também demonstravam ter convicção sobre seus objetivos.

O leitor deste livro irá se identificar com o seu conteúdo se em algum momento da vida tiver tomado a decisão de envelhecer produtivamente. Esta obra não é escrita para aqueles que almejam aposentar-se cedo e nunca mais ouvir falar em trabalho – nada contra aqueles que decidem assim fazê-lo –, mas é uma questão de identificação com o público, apenas. Entretanto, uma vez tomada a decisão de ser útil como trabalhador, sem se importar com a idade, não há mais volta. Em meu estudo, percebi que mesmo aqueles que chegaram a se aposentar o fizeram por um breve momento, voltando à ativa em seguida. A ideia de trabalhar até o limite físico e cognitivo, uma vez alojada na mente da pessoa, dificilmente deixará de pautar suas ações.

Curiosamente, após as entrevistas que realizei em minha pesquisa, recebi alguns *feedbacks* dos participantes dizendo que o simples ato de narrar suas experiências os havia levado a uma reflexão maior sobre o significado das suas atividades atuais e os próximos passos, incluindo a aposentadoria definitiva. Por isso, mantive neste livro algumas das histórias que escutei, obviamente ocultando personagens, empresas e lugares reais. Acredito que a identificação do leitor com tais relatos é um incentivo para a busca do autoconhecimento necessário para navegar em mudanças profundas que envolvam a própria identidade da pessoa, como são as transições tardias de carreira.

Apesar de o protagonismo na transição ser do indivíduo, as empresas compõem o palco onde essa peça se desenvolve. A análise de casos reais me permitiu também gerar algumas sugestões para organizações de recursos humanos e profissionais de *coaching*, no sentido de evitar que as empresas desperdicem seus talentos mais experientes por desconhecerem suas necessidades, anseios e motivações verdadeiras. Percebo que o foco excessivo em conteúdo (isto é, na descrição de cargos, educação universitária ou experiência prática) não revela o espectro completo do potencial de uma pessoa para ter um bom desempenho em uma nova função. Por isso, ao final desta obra, procuro ainda informar os profissionais de RH sobre como olhar além dos estereótipos de executivos maduros, identificando seu potencial de aprendizado e *performance* além dos clichês tradicionais.

Finalmente, o livro propõe uma reflexão para as gerações mais novas sobre a relação percebida entre ser produtivo economicamente como passaporte para ser uma pessoa inserida na sociedade. Para o leitor, permanece a pergunta transcendental: se no final da nossa carreira, após ter gerado a riqueza desejada, nós lográssemos produzir apenas melhores relações pessoais, beleza (arte) e sabedoria, isso por si só não seria suficiente?

PARTE I
RECOMEÇOS POSSÍVEIS

1

HISTÓRIAS DE VIDA E DE CARREIRA

"Eu gosto de começar as coisas do começo, como um estagiário, isso faz com que você queira ganhar espaço, legitimar sua presença."

Pedro (participante da pesquisa)

SOBRE O MEU AVÔ E EU

Eu sempre quis compreender de que maneira o comportamento dos meus ancestrais explicava as minhas próprias decisões profissionais. Os homens da minha família vivem muitos anos e normalmente trabalham até morrer. Meu pai sempre se gabou do fato de que seu pai, aos 60 anos de idade, teve coragem de recomeçar em um novo negócio (de distribuição de fertilizantes) com ele. Apesar de estar em uma situação material confortável, o sr. Armando (meu avô) construiu, após os 60 anos, uma carreira completamente nova que durou até o seu falecimento, com a avançada idade de 100 anos, em 2015.[2] Durante a sua vida, meu avô, que começou a trabalhar com 13 anos como alfaiate, mudou seis vezes para carreiras completamente diferentes (revendedor de automóveis, corretor de seguros, executivo, empreendedor, varejista e fazendeiro) e depois dos 80 anos tornou-se pintor de quadros e escritor de suas memórias. De fato, na segunda metade de sua vida, ele já havia conquistado condições materiais para parar de trabalhar, mas nunca o fez. Sempre lúcido, e enquanto sua condição física permitiu, abria sua loja pela manhã e a fechava no final da tarde, todos os dias! Parece-me que, para ele, era inconcebível a ideia de parar de trabalhar. Nascido em 1914, em uma família de imigrantes italianos, e compartilhando a casa com mais oito irmãos, sr. Armando passou pela Grande Depressão, duas guerras mundiais, conflitos civis e outras dificuldades. Como outros membros da sua geração, foi um empresário duro, mas generoso e flexível o suficiente para driblar quase todos os obstáculos em sua vida profissional. Uma coisa era certa, nenhuma crise preocupava o meu avô, pois simplesmente já havia passado por coisas piores e sempre havia vencido. Eu já sabia tudo isso sobre ele, mas nunca entendi por que ele se manteve profissionalmente ativo ou quais foram os motivos para ele mudar de carreira com tanta frequência. Por isso, decidi investigar esse comportamento e analisar os significados do trabalho e da carreira de homens que se atiraram em novas profissões na segunda metade da vida. Assim, me preparei e fiz um estudo com rigor acadêmico[*] na tentativa de entender esses movimentos de carreira, sobre os

---

[*] O estudo acadêmico, sob a forma de monografia, obteve, em 2016, *Distinction* no programa de mestrado do INSEAD (Singapura e França).

quais eu mesmo já me sentia parte, mesmo estando ainda no início dos meus 40 anos de idade e já tendo realizado uma importante transição de executivo para empresário aos 30 anos.

MINHA TRANSIÇÃO

> *"Para a maioria das pessoas, o trabalho é um fator primário que determina a sua qualidade de vida."*
>
> **(Douglas Hall[3])**

A decisão de trocar de carreira pode ser voluntária ou involuntária. Às vezes, chegamos à conclusão de que é necessário mudar, porque percebemos que já não há uma congruência entre o nosso papel profissional e as expectativas que temos sobre a carreira. Ou seja, entendemos que o caminho que escolhemos no passado não nos levará ao futuro que procuramos, e isso basta para seguirmos com a mudança.

No entanto, em muitos casos somos obrigados a buscar alternativas. Demissões, cortes, doenças, crises existenciais e problemas familiares são razões bem recorrentes que obrigam as pessoas a mudar de trabalho, de cidade e, às vezes, de carreira.

O caminho que escolhemos no passado não nos levará ao futuro que procuramos

Eu mesmo fiz uma grande transição aos 30 anos, quando fui pego brutalmente numa reestruturação da empresa em que trabalhei por cinco anos e fui demitido sem motivo. Minhas avaliações eram muito boas e eu entregava resultados acima do esperado ano após ano. Inicialmente me vi injustiçado. Esse é um sentimento natural. Porém, eu tive o agravante de ter sido chamado no meio das minhas tão aguardadas férias para voltar à sede da empresa e participar de uma reunião com o diretor comercial, somente para receber a notícia de que estava sendo cortado junto com os demais. Ao retornar ao hotel onde minha esposa me aguardava, eu estava tão envergonhado e revoltado com a ausência de humanidade no processo, que prometi a ela que queimaria a minha carteira de trabalho e seria meu próprio patrão dali para frente.

O plano não deu certo. Apesar de eu ter montado a minha empresa quase imediatamente após a demissão, dois meses depois eu já havia percebido que o dinheiro de que dispunha não seria suficiente para o período de encubação do novo negócio. Então, acabei aceitando uma proposta para trabalhar em outro Estado, como executivo de uma multinacional.

Passei a viver uma vida dupla: de dia trabalhava na multinacional, onde ninguém podia saber do outro negócio, e nos fins de semana e noites eu me dedicava a desenvolver a minha própria empresa. Em pouco tempo eu já tinha dez empregados registrados, mas o empreendimento ainda não gerava lucro. O trabalho excessivo e a ausência em casa cobraram um preço alto no casamento. Por pouco ele não acabou ao final do primeiro ano desse esquema insalubre de trabalho. Assim que tivesse condições de sair da empresa e me dedicar ao meu projeto, eu o faria.

Na multinacional em que eu trabalhava não havia desconfiança desse meu projeto paralelo. Esse tipo de coisa era algo muito mal visto na época. Por isso, decidi não revelar meu segredo a ninguém. O discurso do "é preciso ter foco" predominava na companhia, principalmente no nível de "senioridade" que eu ocupava. Avaliei que não seria positivo se eles descobrissem sobre o empreendimento paralelo. Um dia, no entanto, quase fui surpreendido. Eu estava na recepção de um prédio empresarial de São Paulo, esperando para subir até o andar do escritório de um cliente e assinar o contrato – que, finalmente, me tiraria do emprego gerencial e daria a autonomia financeira para dedicar atenção total ao meu negócio. A reunião seria tensa, eu havia apresentado uma proposta de algo inédito em marketing e tinha pouco espaço para rever custos. No entanto, o cliente queria assinar o contrato conosco. Eu estava visivelmente nervoso. Havia inventado uma desculpa ao meu chefe para poder estar ali em pleno horário comercial, e isso me incomodava muito. Mas a causa era boa: a minha felicidade. Muitas empresas famosas tinham sede naquele edifício corporativo da zona sul da cidade. Além do meu primeiro cliente, também a agência de marketing da empresa em que trabalhava tinha uma sala lá. Enquanto a recepcionista fazia o meu cadastro, ouvi a inconfundível voz do meu chefe, de sotaque argentino, com pelo menos outras quatro pessoas. Seria eu desmascarado? Por pouco, graças a uma samambaia artificial atrás da qual me escondi, fui poupado do vexame. Ao explicar minha atitude suspeita para a recepcionista, contando que eu tinha dois trabalhos e um deles ainda era oculto, ela riu. Então me disse: "Também tenho dois trabalhos... Você quer comprar Avon?". Ri muito desse episódio. Nesse mesmo dia assinei o contrato com o cliente e pedi demissão do emprego formal.

CONSOLIDANDO A NOVA CARREIRA

Minha empresa já tinha um ano e meio quando finalmente me juntei a ela. No início, meu cartão de visita trazia o cargo "Gerente de Atendimento", pois queria que as pessoas pensassem que eu era apenas um homem de vendas, e que a empresa tinha algo maior por trás. Mas não tinha, quase tudo era feito por mim mesmo e mais um funcionário! Foram bons tempos, a empresa cresceu e se transformou.

Dez anos se passaram até que o negócio já estivesse "rodando" sozinho. Então, resolvi buscar ajuda para encontrar um propósito mais elevado para a vida profissional. Queria ajudar as pessoas e a mim mesmo. Foi assim que ingressei no mestrado do INSEAD, uma escola de negócios com *campi* em Singapura e na França. Talvez por conta da minha própria história de vida, a ideia de ajudar as empresas a revelarem o melhor de seus profissionais me encantava. Eu via muitas oportunidades no mundo corporativo, mas também queria ajudar as pessoas em transição de carreira a se prepararem melhor para encontrar sua força e liberar o potencial transformador que possuíam.

Com o mestrado, tornei-me *coach* e consultor de desenvolvimento organizacional. Vi nessa carreira um propósito de longo prazo. Queria mostrar que as pessoas em transição não estão sozinhas, que o processo não é tão conturbado quanto parece para quem está no meio da tempestade. Por experiência própria, eu já havia realizado que a incerteza é parte de uma jornada que contém a lacuna entre deixar de ser quem a pessoa é e tornar-se alguém novo.

Transições mexem com a nossa identidade, gerando ansiedade. Mas sabemos que, de qualquer maneira, a identidade vai mudando ao longo dos diferentes estágios da vida. Em seu livro clássico *Seasons of a Man's Life*, de 1978, Daniel Levinson afirma que em estágios mais tardios (45-50 anos) uma nova estrutura de vida é formada, e isso nos provoca a fazer escolhas que implicam novos compromissos e, consequentemente, mudanças em nossas carreiras. Pessoalmente, posso dizer que eu já estou iniciando a minha segunda transição de carreira. Ainda estou ativo e produtivo na minha consultoria de marketing, mas já comecei a experimentar as possibilidades e os desafios da nova fase. Ciente da longa jornada que tenho

> *A identidade vai mudando ao longo dos diferentes estágios da vida*

pela frente, hoje percorro o caminho de uma transição voluntária em direção a uma idade madura produtiva e com significado. É sobre essa disposição que vamos falar daqui para frente.

2

PARA CONSTRUIR UMA CARREIRA COM SIGNIFICADO

CARREIRA E IDENTIDADE

> *"Quando eu converso com outros caras, a primeira pergunta que me fazem é: 'O que você faz?'"*
>
> **(George, 73, entrevistado)**

Uma carreira é como um casamento. Não é fácil iniciar nem há facilidades para encerrar, seja para aposentar-se ou mesmo para recomeçar em outra profissão. A carreira é um processo de construção de relacionamento com muitas pessoas e instituições, dentro e fora do ambiente de trabalho, por isso fica tão complicado deixar essas relações para trás.

Em minha investigação sobre carreiras, conheci George (todos os nomes aqui empregados são fictícios), um professor universitário de 73 anos que havia ocupado alta posição

> *A carreira é um processo de construção de relacionamento com muitas pessoas e instituições, dentro e fora do ambiente de trabalho*

> O trabalho faz parte da identidade, da autoimagem que projetamos para o mundo

na direção de uma agência global de publicidade antes de se tornar professor aos 60 e poucos anos de idade. Em uma entrevista, ele confessou seu medo de parar de trabalhar:

> [...] aposentadoria tem um duplo significado. Aposentadoria é o que você faz depois que para de trabalhar, mas você também se aposenta para ir para os aposentos [...]. Há uma sensação de que as coisas terminaram quando você se aposenta.

E continuou:

> Quem eu sou é definido pelo trabalho que eu faço [...]. Eu não consigo deixar de pensar que se eu parasse de trabalhar uma grande parte de mim ficaria faltando [...]. Quando eu converso com outros caras, a primeira pergunta que me fazem é: "O que você faz?".

A carreira é algo que faz parte da nossa identidade. Muitos homens, chefes de família, ficam embaraçados quando perdem o emprego, têm até dificuldade de se olhar no espelho. Quando fui demitido, senti vergonha, tive a sensação de que uma parte de mim havia sido arrancada, como se eu tivesse ficado incompleto. O trabalho faz parte da identidade, da autoimagem que projetamos para o mundo. Mudar isso não é simples, pois mexe com as crenças sobre quem somos, chacoalha nossa autoestima e, principalmente, altera posições assumidas com os outros no passado.

Da mesma maneira, a aposentadoria, embora tão desejada por muitos, pode ser considerada uma transição de estágio na carreira[4] e, portanto, apresenta os mesmos desafios para quem vivencia a experiência, principalmente para executivos que sempre trabalharam e nunca se prepararam psicologicamente para parar.

***

Raul, um dos CEOs que entrevistei, me contou que só percebeu que estava se aposentando quando entregou seu crachá no RH e foi escoltado para o estacionamento da empresa multinacional em que havia crescido até atingir a presidência. O impacto de não ter mais acesso àquele mundo corporativo foi tão grande que ele entrou em um estado de apatia e depressão logo em seguida. Passaram-se oito anos até que uma proposta de trabalho, como consultor, o tirasse daquela condição de "autossuspensão" profissional.

Mas nem todo mundo reage igual à perda do cartão de visitas corporativo. A decisão de continuar trabalhando está ligada a fatores financeiros, sociais, familiares, mas também tem a ver com aspectos psicológicos muito relacionados com a noção de identidade. Por exemplo, não se pode dizer que Jacques Lewkowikz, um marqueteiro brasileiro que ganhou 17 Leões em Cannes, estava buscando complementar a renda como aposentado quando se tornou estagiário no Google aos 70 anos de idade, após vender sua agência de publicidade e sair do negócio.[5] Sua busca era provavelmente por renovar conhecimentos e a autorrealização de sentir-se capaz de aprender algo totalmente novo aos 70 anos, e mostrar isso ao mundo.

UMA NOVA JANELA A PARTIR DOS 50 ANOS

Graças ao aumento da expectativa de vida e da saúde, as pessoas têm hoje a oportunidade de preencher a fase que vai dos 50 aos 75 anos de idade, aproximadamente, com um trabalho que propicie significado, e, além disso, apoiado em seus conhecimentos e habilidades.[6]

O aumento da expectativa de vida associado às modernas possibilidades de carreiras mais individualizadas e menos dependentes de corporações[7] também ajudaram na criação de oportunidades para transições de carreira em estágios mais avançados da vida.[8]

Atualmente, atrasar a aposentadoria definitiva é parte do processo de tomada de decisão de carreira para muitos profissionais[9]. De fato, a aposentadoria parcial tornou-se a escolha profissional para mais de 60% dos aposentados americanos na primeira década deste século.[10]

No momento da decisão, quando os profissionais são forçados a adiar a aposentadoria, ou simplesmente o fazem por querer, precisam normalmente decidir se permanecerão no seu emprego ou se vão mudar para um emprego transitório, seja no mesmo campo de atuação, seja em um campo diferente.[11] De fato, a imprensa e vários acadêmicos têm reportado que um número cada vez maior de pessoas está escolhendo iniciar uma nova carreira na fase madura de suas vidas,[12] o que resulta na necessidade de repensar a aposentadoria. Trabalhar na aposentadoria parece um paradoxo apenas se a considerarmos uma fase da vida na qual o indivíduo já não consegue ou não quer trabalhar mais. Por outro lado, se pensarmos nisso sob a ótica prática, é plenamente possível que alguém esteja em idade de se aposentar, ou esteja legalmente nessa condição, e ainda continue trabalhando.

> *A aposentadoria não deve mais ser vista como um estágio final da vida profissional de uma pessoa*

A aposentadoria não deve mais ser vista como um estágio final da vida profissional de uma pessoa; em vez disso, constitui uma oportunidade de experimentar algo novo em termos de trabalho. Isso é especialmente relevante em um momento no qual as pessoas em vários países estão preocupadas com o possível fracasso dos fundos de aposentadoria públicos e privados, que, a princípio, deveriam sustentá-las na sua velhice. Se o trabalho está se tornando novamente um "mal necessário" no final da vida adulta, ao menos ele deveria ser escolhido com a consciência do que nos faz mais felizes e (idealmente) deveria nos proporcionar um sentido intrínseco de propósito.

CARREIRA COM AUTENTICIDADE

Por definição, as carreiras são a própria sequência percebida pela pessoa de suas atitudes e comportamentos associados às experiências relacionadas ao trabalho e às atividades (remuneradas ou não), ao longo da vida.[13] Ou seja, as carreiras envolvem uma autointerpretação das transições pelas quais o indivíduo passa e, portanto, envolvem significados subjetivos criados pelo próprio profissional.

Estudos recentes com profissionais acima dos 50 anos mostram que o significado do sucesso na carreira muda ao longo dos estágios da vida. Modelos modernos de carreira, mais abertos a mudanças, com maior controle do indivíduo, têm como motivadores de sucesso três componentes fundamentais: desafio, equilíbrio e autenticidade.[14]

Durante o início da carreira, o desafio é o componente mais importante para o indivíduo; no estágio do meio, o peso do equilíbrio entre trabalho e vida pessoal ganha mais relevância na concepção de sucesso; e, após os 50 anos, a autenticidade se torna a principal aspiração profissional.[15]

Autenticidade é a medida de integração e coerência entre as várias facetas da identidade do indivíduo (por exemplo, autoimagem profissional, como é visto pela sociedade/família, como constrói sua narrativa de vida e propósito do que faz etc.).

Modelos mais "abertos" de carreira permitem que possamos perceber a sequência de ocupações como estágios de aprendizado.[16] À medida que o autoconhecimento aumenta da meia-idade até as idades mais avançadas, a busca por autorrealização e o desejo de contribuir com as gerações futuras também se tornam fontes importantes de significado no trabalho.[17]

A noção de que o tempo de vida é um recurso escasso tem um papel importante nas decisões dos profissionais mais velhos sobre o tipo de trabalho que desejam executar. Por isso, com a idade, aumenta o desejo de se fazer apenas o que se gosta, afastando-se de temas desagradáveis ou que ameaçam a integridade psicológica da pessoa. "Quanto mais irei viver?", "Será que vale a pena fazer algo de que não gosto ou não quero durante os anos que me restam?" – esses são pensamentos frequentes nas decisões de transições de carreiras após os 50 anos. A ideia de ser muito velho para fazer algo que não satisfaz é mais forte quando se tem independência financeira suficiente para não precisar lidar com algo desagradável ou que ameace a integridade psicológica da pessoa.

> • • • • •
> *A noção de que o tempo de vida é um recurso escasso tem um papel importante nas decisões dos profissionais mais velhos sobre o tipo de trabalho que desejam executar*
> • • • • •

***

Justificando sua decisão por deixar de ser diretor de uma grande agência e tornar-se professor universitário, George, um dos nossos entrevistados, usou os seguintes termos:

> O que acontece com as pessoas na publicidade quando elas ficam velhas? Realmente, não é uma indústria para velhos, [...] eles provavelmente iriam me substituir por alguém mais barato [...]. Eu não tinha que tolerar aquela merda [...] a razão é que, depois de uma certa idade, você pode evitar se envolver com a política corporativa na sua vida.

O trecho demonstra a insatisfação de George com a política corporativa e sua decisão de sair desse contexto ao ter meios para fazê-lo. Com a maturidade também vem a preocupação de estabelecer e ensinar as próximas gerações. Esse fenômeno recebe o nome de "generatividade". Ao deixar um legado a partir do qual as gerações mais novas podem continuar a obra, fica a sensação de que alguma parte da identidade – o trabalho – irá viver para sempre. Essa mesma noção está implícita no senso comum de que antes de morrer todo homem deve plantar uma árvore, ter um filho e escrever um livro. Esse clichê não é um pensamento típico de um jovem de 20 anos, mas é uma ideia comum para os que já passaram da metade da vida. Como explica Douglas T. Hall, um renomado autor e pesquisador de carreiras, a "generatividade" funciona como um antídoto que ameniza a ideia da morte.

O TRABALHO COMO ANTÍDOTO À PASSAGEM DO TEMPO

Meu avô paterno era 62 anos mais velho do que eu, ou seja, desde que me lembro, ele já tinha idade para se aposentar. Como contei, ele nunca parou de trabalhar. Na minha infância, ouvi várias vezes as pessoas comentarem sobre o sr. Armando: "Se ele parar de trabalhar, morre". É verdade que se manter ocupado é equalizado por muitas pessoas como se manter vivo. Principalmente entre profissionais do sexo masculino, é comum o medo de que não conseguir manter-se ocupado irá resultar na sua morte.[18]

Alguns estudiosos explicam que estar imerso em uma experiência fluida pode neutralizar a sensação de passagem do tempo. Ora, esta se relaciona à noção de mortalidade. Mas será que apenas continuar ocupado em qualquer trabalho serve para levar alguém até o centenário, como meu avô? O que seria o trabalho ideal para profissionais maduros?

***

George escolheu ser professor universitário. Não por já possuir um doutorado, mas sim porque esse trabalho traria respeito e significado para sua vida madura, além de oferecer uma rotina flexível e a adrenalina de um novo desafio. Lidar com jovens estudantes e outros professores parecia ser divertido. A nova profissão lhe dava a chance de conhecer outros conteúdos, ampliar relações pessoais e também era consistente com seus ideais. Assim como outros participantes da minha pesquisa, ele não queria estar apenas ocupado, almejava uma experiência de imersão total, de fluidez. E, exceto pela atividade de corrigir provas, a dinâmica das aulas o fazia sentir-se realmente revigorado.

SONHO DE INFÂNCIA

Pesquisas mostram que a realização das potencialidades pessoais percebidas por uma pessoa também pode servir como um motivador para as transições para novas carreiras.[19] Com base nesses argumentos, é perfeitamente possível considerar que alguém cuja carreira fantasiada na infância não foi perseguida na idade adulta pode na vida madura buscar realizar essa aspiração de alguma forma (objetiva ou subjetiva). Complementarmente, estudos demonstram que pessoas que tiveram a oportunidade de exercer suas vocações são menos propensas a querer interromper suas carreiras atuais do que aquelas que não preencheram suas vocações originais.[20]

De todos os executivos que participaram do meu estudo sobre transições de carreira tardias, Marco foi o que mais me intrigou. Ele sempre se definiu como médium espiritual. Quando completou 50 anos de idade, depois de construir fortuna em um ramo da indústria química, deixou as empresas para a filha gerenciar e foi se dedicar às suas obras de caridade. Aos 50 anos, Marco conta que decidiu parar de trabalhar e criar um centro de cura espiritual, sob conselho de seus guias.

Cap. 2 • Para construir uma carreira com significado

Em uma longa conversa, perguntei qual tinha sido a sua profissão dos sonhos na infância. "Quando criança queria tornar-me um padre católico", disse, sem hesitar. Depois de toda uma vida profissional, Marco havia decidido se tornar um líder espiritual, e se sentia pleno em ter feito essa escolha tão próxima da sua primeira "fantasia" de trabalho.

> As pessoas que vivem ao meu redor, que buscam fé, elas me veem como aquele que cura. Há algumas pessoas para quem eu simplesmente não posso dizer que, na verdade, meus guias espirituais os curaram [...]. Para eles, eu sou seu Deus.

Compreendi que, ao buscar reavivar antigas vocações da infância e juventude, o ex-empresário encontrava significado para sua nova carreira. Algo semelhante aconteceu com Pedro, sobre quem vou falar mais adiante. Seu sonho de infância era ser como Marco Polo, o famoso explorador e contador de histórias italiano. Cinquenta anos mais tarde, depois de viver boa parte de sua carreira como vice-presidente executivo na Ásia, ele acabou retornando ao seu país, na América do Sul, para trabalhar como professor universitário. "Eu sou um ótimo contador de histórias na classe, [...] em uma ocasião levei minha audiência às lágrimas", disse Pedro, comparando-se a um Marco Polo moderno.

Embora as histórias de Marco e Pedro sejam reais e bastante plausíveis, elas significam meramente que um sonho de outra fase da vida pode provocar uma busca profissional na idade madura. É importante ressaltar que a ideia de que temos um "eu verdadeiro" esperando para

> A carreira é constituída de uma série de decisões e escolhas, não de um evento único

ser descoberto é questionada atualmente por muitos autores, como a respeitada Herminia Ibarra. Para ela, é a partir da prática profissional que formamos uma *working identity*, algo que traduzo como identidade em ação ou identidade profissional. Ibarra afirma que, ao experimentar novas atividades, descobrimos quão aptos somos para realizá-las e, a partir dessas práticas, vamos formando e reforçando uma noção de identidade que não existia antes. Essa visão é complementada pela teoria desenvolvida por Donald Super, que descreve a carreira como uma síntese entre o conceito que o indivíduo tem de si mesmo e os requisitos e as expectativas contidos em um papel profissional. Esse encontro só ocorre no ambiente de trabalho e se desdobra à medida que o papel do profissional evolui na organização. Assim sendo, a carreira é constituída de uma série de decisões e escolhas, não de um evento único. Por isso, a identidade profissional só se formaria na prática, corroborando a afirmação de Ibarra de que a "identidade verdadeira que ainda não foi descoberta" é nada mais que um mito.

CRIANDO VALORES

> *"No seu melhor, carreiras fornecem um senso de significado e propósito na vida. Elas são um modo de expressar quem você é."*
>
> *(Douglas Hall[21])*

Hamilton foi o mais velho dos ex-CEOs que participaram da minha investigação sobre transições de carreira. Aos 79 anos, ele ainda estava muito ativo, mas dizia que iria parar em breve. Observador e amável, como um avô que carrega consigo a sabedoria dos anos, Hamilton já ia para a sua terceira empresa própria desde que havia saído de uma indústria farmacêutica, na qual havia sido presidente. O executivo criava empresas e depois as vendia, com a facilidade de quem troca de carro de tempos em tempos. Ele confessou ter começado a se desengajar da carreira de empresário. Essa atitude de desapego ou "desidentificação" do trabalho é comum antes de uma transição profissional significativa.[22] Sua última empreitada seria deixada para a filha – algo que lhe dava alegria, já que ela havia participado do empreendimento desde o início.

Nossa conversa aconteceu em sua casa, sentados no sofá da sala, rodeados por quadros e objetos de muito bom gosto. Ao notar que ele gostava de pinturas, escolhi como quebra-gelo contar a história da vida do meu avô, que começou a pintar aos 80 anos e não parou até os 100 anos de idade, tendo feito exposições em clubes e espaços públicos na cidade onde morava. Depois de contar a história, Hamilton me fez uma pergunta inusitada: "Seu avô não ficava acanhado de mostrar na cidade os quadros que pintava?". Nesse momento me ocorreu que ele mesmo talvez quisesse ser um pintor ou artista, e devolvi com a pergunta: "O senhor pinta também?". Depois de dizer que não pintava, Hamilton emendou, revelando que quando criança desenhava muito bem, e queria ser arquiteto, mas que a vida (a morte do seu pai) o havia levado para outro lado...

Senti que aquilo era dito com muita emoção, então respondi que meu avô nunca se envergonhou de seus quadros e que gostava mesmo dos abstratos. Ele pintava para tocar as pessoas, não para demonstrar perícia com o pincel. Então continuei: "O senhor vai seguir trabalhando depois desse empreendimento?". Um longo silêncio pesou sobre o ambiente. Hamilton olhou à sua volta (tinha os olhos apertados), mas nada disse. Em minha mente imagino que talvez ele também considerasse começar a desenhar aos 80 anos para tocar as pessoas.

***

Com George, algo semelhante aconteceu. Ele já havia passado dos 70 e vinha dando aulas em uma universidade há mais de dez anos. Era feliz com a segunda carreira que havia escolhido, porém, como mencionei anteriormente, detestava corrigir provas, dar notas de trabalhos e lidar com a burocracia acadêmica. Na juventude, George, que era muito culto, havia estudado música. Como saxofonista, ele participava de uma banda de jazz em sua cidade. Perguntei a ele o que iria fazer dali para frente. Sem hesitar, disse: "Parar jamais, mas eu gostaria de tocar mais em minha banda [...] não havia pensado nisso antes [...] já tenho mais de 70 anos e deveria dedicar mais tempo para praticar o saxofone se quiser continuar tocando daqui para frente". O próprio ato de narrar a sua trajetória havia levado George a refletir sobre o que realmente queria fazer nos anos que lhe restavam. "É impressionante o papel da arte em gerar satisfação para quem faz", comentei, lembrando-me dos quadros do meu avô.

As histórias de Hamilton e George me levaram a concluir que ser relevante na sociedade e útil para as pessoas pode ter vários significados, como prover condições materiais para o desenvolvimento profissional dos filhos e netos ou um esforço em resgatar relações perdidas. Mas também pode representar produzir beleza, sob a forma de música, pintura, poesia etc., com o propósito de criar uma conexão mais profunda com as outras pessoas. Talvez essa reflexão tenha me ajudado a finalmente entender por que meu avô expunha seus quadros como forma de autoexpressão (mesmo as telas que não contavam com muita técnica), para os outros apreciarem em sua cidade.

Figura 2.1 Tela pintada a óleo por Armando D'Andrea – Abstrato, 1997.

3

SURGE UM NOVO ESTAGIÁRIO

CEDO DEMAIS PARA SE APOSENTAR

No filme *Um Senhor Estagiário*, Robert De Niro encarna um homem sadio e lúcido que já encerrou a carreira, mas percebe que precisa ser ativo para ser feliz. Entediado com a aposentadoria, o personagem se candidata a uma vaga de estagiário em uma *startup*. Novato nos conteúdos apresentados, mas muito astuto com pessoas e hábil em situações difíceis, ele acaba se tornando uma espécie de conselheiro indispensável para todos, inclusive a CEO, uma jovem de vinte e poucos anos. A história é divertida porque mostra as situações nas quais o conteúdo do trabalho é desafiador para o profissional mais velho, enquanto os relacionamentos interpessoais, que para ele são fáceis de lidar, parecem intransponíveis para os jovens inexperientes. O filme provoca uma reflexão sobre o que é mais importante, os relacionamentos ou o domínio do conteúdo, e como a diversidade geracional torna esse contexto mais rico para as organizações. Assim como aconteceu com o personagem de De Niro, a escolha ou necessidade de continuar trabalhando até uma idade mais avançada é a regra dos dias de hoje.

CARREIRAS-BÔNUS E O LEGADO PROFISSIONAL

Com o aumento da expectativa de vida e o envelhecimento mais saudável, casos radicais de transição de carreira nas fases tardias da vida são abundantes em vários países. Eles nos indicam uma mudança na natureza das aposentadorias e carreiras. Atualmente, os ciclos de carreiras estão se tornando mais concisos, menos lineares e menos influenciados pelas corporações, ficando assim cada vez mais nas mãos dos próprios trabalhadores. Esses novos formatos de trabalho estão permitindo aos profissionais envelhecerem em atividade.[23] Segundo alguns estudiosos, por conta desses novos modelos de carreira, em breve, a idade cronológica será bem menos relevante do que o tempo dentro do ciclo da carreira em si,[24] uma excelente notícia para profissionais mais velhos.

•••••

Os ciclos de carreiras estão se tornando mais concisos, menos lineares e menos influenciados pelas corporações, ficando assim cada vez mais nas mãos dos próprios trabalhadores

•••••

Em minha pesquisa, descobri que a maior parte dos profissionais com mais de 50 anos se vê mais jovem do que realmente é. "Eu me vejo dez anos mais novo do que sou", manifestou um deles. Esse fenômeno é conhecido como "idade-fantasma".[25] Ele indica, entre outras coisas, a disposição do indivíduo para o trabalho. Além de saúde física, executivos que possuem clareza mental, energia de sobra, não querem desperdiçar seu potencial.

Hoje há uma janela de oportunidade de 20 anos para os trabalhadores iniciarem uma nova carreira, desde os seus 50 anos até os seus 70 anos de idade.[26] Esse novo estágio tem sido chamado de carreira *encore*, ou "segundo ato" de carreira, por muitos autores na última década. Quando feita de forma voluntária, a transição para uma área diferente da anterior é o que eu chamo de "carreira-bônus".

> *As carreiras-bônus trazem a possibilidade de que o profissional assuma o controle de sua ocupação, buscando realizar aquilo que traz mais retorno e significado para si*

Se os 60 são os novos 40, como diz o ditado popular, espera-se que a busca por significado pessoal, que antigamente acontecia ao final dos 30 ou 40 anos de idade, agora se estenda para essa idade também. As carreiras-bônus trazem a possibilidade de que o profissional assuma o controle de sua ocupação, buscando realizar aquilo que traz mais retorno e significado para si. Como ilustra a história de Satiko.

***

Satiko nasceu em 1952, filha mais velha de uma família patriarcal japonesa. Na cultura daquele país à época, as mulheres não trabalhavam fora ou ocupavam apenas algumas profissões. Um dia, quando cursava o segundo grau, seu pai teve uma conversa sobre trabalho. Ele afirmou que no futuro haveria mais oportunidades de trabalho para as mulheres "além de se tornarem esposas e mães". Isso encheu Satiko de esperança, ela queria ser jornalista. Anos depois, ao sair da faculdade, foi a primeira mulher do país a trabalhar como especialista em relações públicas em uma grande empresa alemã. Pouquíssimas mulheres atuavam no mundo corporativo japonês naquela época. Seu pai morreu logo em seguida, deixando para a filha mais velha a responsabilidade de dar suporte às irmãs e tomar conta da família. Com a motivação reforçada pela necessidade, ela conseguiu ser promovida a gerente, um grande feito para a época. Para Satiko, trabalhar era equivalente a cuidar da sua família. Ao fazê-lo, ela não se via transgredindo nenhuma regra social do Japão do seu tempo. E isso trazia a certeza de que estava fazendo o que era certo, apesar do preconceito que enfrentava por ser mulher. Ela foi a primeira japonesa a ser enviada para estudar fora do país pela empresa em que trabalhava.

Naquela época, as empresas decidiam unilateralmente onde alocar os empregados, e a expectativa era de que a pessoa ficaria por 30 anos como funcionária. Assim, Satiko foi direcionada para a área de qualidade, e, depois de uma fusão com outra empresa europeia, seguiu para o setor de recursos humanos, onde ficou até atingir a idade máxima para se aposentar, aos 60 anos, já como diretora. Aposentada, mas ainda ativa, ela continuou prestando serviços como consultora para a antiga empregadora por mais dois anos, quando então decidiu montar a sua própria empresa. "Foi um caminho natural para mim, eu era muito jovem para parar." Ao ser confrontada pela família sobre o porquê de não parar, concluiu que seus parentes não entendiam que aos 62 ela não queria uma vida relaxada e fácil, que "precisava de estímulo mental, de desafios".

A executiva foi uma pioneira no ambiente empresarial do Japão, tendo sido premiada várias vezes por suas conquistas corporativas. Mas nada disso tinha muito valor para ela. Acostumada a romper paradigmas e a gerar resultados admiráveis, ao começar de novo Satiko via a possibilidade de continuar inovando, de provar para si mesma que era capaz de obter sucesso em uma carreira-bônus. Ela me contou que não se preocupa em deixar um legado para as gerações futuras. Aparentemente, sua identidade profissional está baseada no senso de conquista pessoal (de ser capaz de estabelecer uma meta para si e realizá-la) e contribuição como modelo de referência para outras mulheres de sua época. Esse sentimento de competência para alcançar objetivos aumenta a autoestima relacionada à atividade profissional.[27] As pessoas que têm essa experiência de conquista normalmente são mais propensas a voltar a aspirar o atingir de novas metas – cada vez mais difíceis.[28]

Aos 66 anos, Satiko vê uma oportunidade de negócios em auxiliar outros executivos prestes a se aposentar a fazer a transição da melhor maneira possível, permanecendo ativos como ela. Suas metas são continuar estudando e trabalhar em educação de executivos mais velhos. "Considerando que a população do Japão está ficando mais velha, talvez eu seja uma pioneira nessa área novamente", conclui Satiko.

TRANSIÇÕES TARDIAS

A partir desta seção, dedico-me a explicar a sequência de eventos e a lógica por trás das decisões de mudança radical de carreira depois dos 50 anos (carreiras-bônus), baseado em meus estudos. É importante ressaltar que os casos que descrevo não esgotam as possibilidades, tampouco as análises são finais. Embora a minha pesquisa não tenha sido planejada para obter respostas conclusivas, acredito que, ao propor uma estrutura hipotética plausível sobre o processo de tomada de decisão, ela possa servir de modelo de pensamento, espécie de *role model* com o qual os profissionais nessa situação podem comparar-se e descobrir que não estão sozinhos, e que há uma certa ordem no caos das transições radicais.

Muitos estudos sobre carreira descrevem o processo de transição. Eu me baseei na obra de William Bridges e Herminia Ibarra, que nomearam as cinco etapas principais da transição para inspirar meus estudos:[29]

1. eventos-gatilho: aqueles que provocam a mudança;

2. términos: quando deixamos a carreira em que estávamos;

3. zona neutra: quando uma pessoa já abandonou uma carreira, mas ainda não iniciou uma nova, é um momento de grande ansiedade;
4. exploração de possibilidades (possíveis *selves*) e, finalmente;
5. novos começos: o recomeço em uma nova carreira.

Antes mesmo de um evento disparar a real necessidade de mudança, contemplamos (várias vezes) a possibilidade de mudar. E somente quando atingimos um limite de tolerância ao *status quo* é que a ação se torna urgente. A maioria das pessoas considera a possibilidade de mudar radicalmente de carreira, mas poucas levam adiante esse desejo.

Se você está lendo este livro é porque, provavelmente, já pensou em mudar de carreira. Talvez por muito tempo, quando tudo seguia bem, você nem sequer tenha considerado a mudança. Mas, então, alguma coisa dentro de você acionou um gatilho na mente, a vontade de recomeçar.

• • • • •

A maioria das pessoas considera a possibilidade de mudar radicalmente de carreira, mas poucas levam adiante esse desejo

• • • • •

CONTEMPLAR A MUDANÇA

Considerar a possibilidade da mudança antecede o processo em si. A ordem dos eventos fica mais clara a partir do exemplo de George, o vice-presidente de agência publicitária que se tornou professor universitário após os 60 anos.

Ao buscar resposta para sua própria pergunta, ele havia percebido que o mercado em que atuava não reconhecia a experiência como um diferencial:

> O que acontece com as pessoas na publicidade quando ficam velhas? Realmente, não é uma indústria para velhos, [...] eles provavelmente iriam me substituir por alguém mais barato.

Aos 60 anos de idade, George sabia que teria que se reinventar em outra indústria se quisesse continuar trabalhando. Isso o motivou a pensar em alternativas de carreira a partir daquele momento. Um dia, quando sua disposição para lidar com jovens publicitários "cheios de arrogância" acabou, ele decidiu que era hora de sair da empresa. George pediu demissão e fez um acordo para trabalhar na antiga empregadora como *freelancer*.

O esquema solo funcionou bem na empresa anterior. Trabalhando em casa, ganhou até outros clientes a partir de seus antigos contatos, mas a motivação para atuar no setor havia esfriado. Quando foi convidado a ministrar uma palestra na pós-graduação de marketing da faculdade local, ele se encontrou, sentiu-se disposto e alegre. Ao saber que

George tinha doutorado por Oxford (Inglaterra), o diretor da escola de negócios o convidou para dar algumas aulas, e em pouco tempo ele se tornou professor de carreira.

MENTE ABERTA PARA O APRENDIZADO

Apesar das mensagens positivas transmitidas pelas propagandas de laboratórios farmacêuticos, sabemos que envelhecer é uma dura realidade. Nunca conheci alguém com mais de 21 anos de idade que estivesse feliz em ficar mais velho. Tampouco, em minhas conversas com executivos seniores, conheci alguém que tivesse gostado da ideia de parar e aposentar-se de verdade. Numa sociedade de consumo e produção, as pessoas não querem ser identificadas como ociosas, desocupadas. Na mente das pessoas, essa noção pode estar associada à imagem depreciativa de alguém que já não produz mais para a sociedade e, portanto, estaria fora dela, como um pária.

De fato, tentamos por todos os meios nos manter jovens, pelo menos na aparência. Mas, como diz o ditado popular: "a idade que importa é a idade mental". Nesse sentido, envelhecer oferece a possibilidade de

•••••
Envelhecer oferece a possibilidade de rever a identidade profissional, os preconceitos, paradigmas e ideias formadas sobre coisas e pessoas
•••••

rever a identidade profissional, os preconceitos, paradigmas e ideias formadas sobre coisas e pessoas. O comportamento-chave nesse processo é o aprendizado, em especial o experiencial, que sugere a necessidade de ouvir críticas, observar o ambiente, buscar *feedback*, adaptar-se a diferentes culturas e papéis mutantes,[30] modificar o próprio ambiente para obter respostas satisfatórias às metas pessoais e, então, integrar esses resultados de volta à identidade profissional, continuamente.

A APOSENTADORIA NÃO É O PONTO FINAL

Ao contrário do que podem pensar os jovens, aposentar-se é bem doloroso para quem passa pela experiência. Raul, um ex-CEO com quem conversei, relatou ter ficado deprimido ao sair pelo portão da empresa pela última vez. Nela, executivos são aposentados compulsoriamente aos 65 anos de idade. É verdade que as pessoas esperam esse momento durante praticamente toda a vida profissional, mas, quando ele finalmente chega, a sensação para muitos é de vazio, de perda. A depressão durou anos, até que ele conseguiu ajustar-se à nova realidade. Raul tentou viajar, levou seus *hobbies* a sério, aproximou-se dos netos, mas nada preencheu o espaço que o trabalho tinha em sua vida. Não ter mais o cartão de visita de uma grande empresa com nome e cargo realmente abalou Raul, a ponto de levar quase uma década para que ele conseguisse voltar a trabalhar em tempo parcial, como uma espécie de conselheiro de projetos para uma empresa de antigos colegas.

Estar aberto para aprender é justamente o ponto de partida para alguém que busca iniciar uma nova carreira. Querer conhecer, inovar, reinventar-se é a força motriz da mudança. Envelhecer não é uma escolha, mas envelhecer produtivamente é uma decisão.

> •••••
> *Estar aberto para aprender é justamente o ponto de partida para alguém que busca iniciar uma nova carreira*
> •••••

UM SEGUNDO "FLORESCER" PARA A CARREIRA

Há muitos casos em que o profissional encontra na sua carreira-bônus a realização que nunca teve ao longo de toda uma vida de trabalho. Isso não se aplica apenas aos exemplos de pessoas que tiveram carreiras entediantes e sem um propósito mais elevado durante o exercício da profissão. A história de Adam é semelhante à de Raul, porém há uma diferença fundamental no caso dele, conforme relatou. Adam havia trabalhado toda a vida em prol de um ideal de assistência a pessoas vulneráveis. Como executivo do terceiro setor, criou e gerenciou projetos que ajudaram milhões de pessoas ao longo de décadas. A aposentadoria chegou quando ele já estava próximo dos 70 anos, idade em que seu pai havia se aposentado. Adam conta que seu pai tinha sido muito ativo em vida, mas depois que parou de trabalhar assistia à televisão o dia todo. A experiência dele caminhava na mesma direção. Aposentar-se foi entediante para o executivo, que precisava fazer alguma coisa. A lembrança da morte do pai (logo após a sua aposentadoria) o assustava. Detentor de patrimônio suficiente, Adam achou que viajar o distrairia, mas com o tempo até isso se tornou chato. Ele descobriu que se alegrava mesmo trabalhando, então decidiu que deveria retornar.

> Se eu estivesse me divertindo, talvez eu fosse um desses caras que sobem em um cruzeiro marítimo, sabe, quatro meses no ano, ou faz qualquer outra coisa, mas eu acho que isso seria muito chato.

Adam havia comprado uma fazenda de café na América Central como investimento e, depois de um ano aposentado, sentiu que essa poderia ser sua nova maneira de passar a viver, como mostra este trecho da nossa conversa:

> Ser fazendeiro não me interessava e eu estava entediado [...]. E minha esposa disse "talvez você deva aprender algo sobre sua fazenda de café", e aí me deu um clique [...]. A forma como eu descreveria é que o "bichinho" do café me mordeu e, então, assumiu o controle sobre a minha vida inteira...

Ele relata que a fazenda de café foi um segundo "desabrochar" da sua carreira. Lá, além de cultivar a terra, ele criou um bem-sucedido polo turístico para receber visitantes internacionais e aficionados pela bebida. Durante a primeira carreira, o executivo tinha vivido toda a história profissional como diretor de ONGs assistenciais nos Estados Unidos e se considerava realizado com o seu desenvolvimento, mas agora queria fazer algo puramente por prazer, como ele mesmo comentou:

> Eu entendo que você passa tanto tempo da sua vida trabalhando, que você realmente deve tentar se meter em algo que gosta de fazer.

Para Adam, o novo trabalho era pura diversão:

> [No início] Eu realmente estava aprendendo sobre diferentes culturas de café de todo o mundo, então era divertido para mim, [...] todo dia é muito emocionante...

Depois de ter tido uma carreira admirável pelo propósito elevado e realizações, como diretor de ONGs beneficentes, ele encontrou em sua carreira-bônus o prazer de fazer algo que o encantava, a ponto de sua atividade como fazendeiro de café não parecer nem trabalho, tampouco aposentadoria. Ou seja, ele conquistou satisfação profissional na nova carreira, como descreveu ao comentar o dia a dia de sua fazenda turística de café:

> Você nunca sabe com quem irá cruzar, quem você vai encontrar e é sempre bom quando você pega um carro cheio de jovens suecas de 25 anos (risos). Você nunca sabe o que vai acontecer, então é divertido [...]. Estou mais feliz do que eu poderia imaginar do que seria a aposentadoria. Agora, isto é aposentadoria? Provavelmente não, claro que não. Quero dizer, eu dedico muitas horas, mas as horas são sempre cheias de emoção [...], mas nunca sinto como se tivesse que trabalhar.

4

DESPEDINDO-SE DA CARREIRA ANTIGA

QUANDO DEIXAR A OCUPAÇÃO ATUAL?

Como mencionei, a carreira é uma relação com muitas pessoas, dentro e fora do ambiente de trabalho. Portanto, não é fácil quebrar esses vínculos institucionais, emocionais e práticos. Porém, tudo tem um limite. Existe um ponto em que já não fica mais sustentável permanecer no mesmo lugar e, subitamente, o desejo de recomeçar "do zero" surge. Em geral, isso acontece impulsionado por algum gatilho, um evento crítico ou ponto de inflexão, que por sua intensidade compele o profissional a parar e rever as suas expectativas de futuro.

O depoimento de George sobre sua saída da agência de publicidade fornece a medida do limite de sua frustração na empresa:

> Quando você está lidando com pessoas mais jovens, nos seus 30 anos [...], algumas vezes eles ficam defensivos porque não sabem nada, eles não estão realmente te escutando [...]. Esse tipo de frustração, quando se é mais velho, passa a irritar [...]. Eu vivi isso demais.

Em minha pesquisa com executivos mais velhos, notei que os catalisadores para a decisão de deixar o emprego estão muito relacionados com a ameaça aos valores pessoais e a autoimagem dos profissionais.

Um dos meus entrevistados, Roy, havia sido vice-presidente de uma grande empresa de bens de consumo. Por ter passado grande parte de sua carreira na área de recursos humanos, ele prestava atenção aos comentários dos colegas e observava a forma como era tratado, com particular cuidado. Em um desabafo, revelou como se sentia no final do seu período como VP da empresa americana onde trabalhava:

> Eu não quero ser rotulado como resistente, como o cara das antigas que não quer evoluir [...] é muito desagradável ser rotulado [...] ser julgado desse jeito [...] porque você se sente velho [...]. Isso é como dizer: "Chega! Eu não me encaixo aqui mais!". É normal que isso aconteça, quando a empresa já não vê você mais como alguém capaz de ajudar a crescer, mas somente como aquele que está impedindo isso [...]. Na minha época, eu também tive que provocar mudanças.

Ser visto como resistente, ou como retrógrado, é uma das situações mais indesejadas por executivos mais velhos. Como mecanismos de defesa, o desejo de não ser rotulado como ultrapassado, a fuga da discriminação etária e a imagem de obsolescência influenciaram a decisão de Roy na busca pelo recomeço em uma nova carreira, como *coach* de executivos. As próprias palavras de Roy mostram um sentimento de impotência, ou seja, de ser incapaz de mudar a opinião das pessoas sobre ele na empresa onde trabalhava há muito tempo, isso o fez contemplar abandonar a organização em que atuava:

> Então eu senti – e isso é psicológico – que é uma falta de consideração [...] pelo meu conhecimento quando alguém vem e diz: "você tem que fazer isso e aquilo [...] você tem que mudar tudo, isso está uma merda". Então, você começa a se sentir desrespeitado. E se você, em algum ponto, decide levantar a voz e confrontá-los, você sabe [...] baseado na minha experiência [...] os caras levam como uma crítica, não como referência ou aprendizado. Isso é o que mais me incomoda [...]. Eu estava me sentindo mal. Já tinha visto aquele filme e não tem final feliz. Então, eu decidi parar.

As pessoas podem ter mais ou menos tolerância à política corporativa. Daniel, por exemplo, foi um dos grandes empresários que entrevistei. Ele havia vendido sua empresa do ramo de moda a um fundo de investimentos. Durante o período de transição da empresa, permaneceu na direção do negócio. Porém, sentia muita dificuldade em lidar com os executivos apontados pelo fundo para gerirem sua antiga empresa. Políticas corporativas incompatíveis com seu jeito muito autêntico de administrar o negócio foram o estopim que o motivou a abandonar a empresa, onde poderia ter permanecido por mais tempo, e redirecionar a sua carreira. "Eu atingi um ponto na vida em que posso escolher meu caminho, ponto." A clareza de objetivos pessoais e o respaldo financeiro o incentivaram a buscar satisfação profissional na área da construção e decoração de imóveis de alto luxo.

> *Um movimento de aprofundamento do autoconhecimento foi o fator que permitiu aos executivos entender os limites máximos toleráveis para abandonar as suas ocupações*

Esse trabalho oferecia a ele a convergência de interesses pessoais, encaixava-se bem em sua personalidade arrojada e independente, além de ser compatível com o meio social abastado em que vivia, e onde encontraria seus próprios clientes como "construtor-decorador". Em todos os sentidos, a nova carreira "tinha um *fit*" perfeito consigo.[31]

Existem vários outros fatores que podem acelerar o abandono de carreira. Tédio e perda de satisfação profissional com o trabalho foram causas mencionadas por alguns executivos como antecedentes de mudanças drásticas de carreira. Independentemente das motivações mencionadas, em todos os casos um movimento de aprofundamento do autoconhecimento foi o fator que permitiu aos executivos entender os limites máximos toleráveis para abandonar as suas ocupações.

AUMENTO DA AUTOCONSCIÊNCIA COMO CATALISADOR PARA MUDANÇA

Em geral, a disrupção da autoimagem funciona como um fator desencadeante para o início das transições. Mas essa descontinuação pode ser provocada por um súbito aumento de autoconhecimento, um catalisador, como ocorreu com Pedro – participante do meu estudo –, que provocou a própria demissão na empresa multinacional de bens de consumo em que trabalhava.

O executivo já era casado e tinha dois filhos na faculdade quando descobriu ser homossexual. Por anos a psicoterapia o ajudava a lidar com ambivalências resultantes de um abuso sexual na infância. Um dia, Pedro concluiu que, de fato, era *gay* e queria viver plenamente sua identidade. Ele decidiu contar para a família e amigos de maneira planejada. Ciente de que no país onde trabalhava, de maioria muçulmana, sua empresa acharia impróprio para um VP ser assumidamente homossexual, ele comunicou a novidade em um *happy hour* com colegas. E o fez em grande estilo, com bastante estardalhaço, provocando deliberadamente sua demissão.

> Quando contei para meus amigos que eu era homossexual, eu fiz isso em um bar [...]. Fiz de propósito, de um jeito que a história chegasse ao escritório central [...]. Eu ia deixar a empresa e me aposentar pelo programa de aposentadoria deles... mas fui demitido dois anos antes disso, eu infernizei os dias deles. Eu fui demitido com um pacote de indenização. Eles não me aguentavam mais e vice-versa...

Pedro conseguiu o pacote de indenizações que queria para mudar de vida. Ele voltou ao seu país de origem, onde passou a lecionar e dar palestras para empresas em sua área. A expansão de autoconsciência abriu caminho para que ele mudasse radicalmente de profissão e estilo de vida, integrando a identidade profissional com seu *self* atual.

TRANSIÇÕES INVOLUNTÁRIAS DE CARREIRA

Infelizmente, nem todo mundo chega aos 50 anos com a opção de parar, continuar ou mudar de área de atuação voluntariamente. Para muitos, permanecer trabalhando é uma obrigação, e trocar de área é uma necessidade. Arthur, um dos últimos entrevistados por mim, chegou à gerência nacional de vendas de uma empresa de cafés, na qual trabalhou até quase os 50 anos. Nessa idade ele foi demitido da organização, que naquele momento passava por um enxugamento do quadro de gerentes seniores. Arthur sentiu que o mercado não estava receptivo para profissionais da sua idade e resolveu aceitar um convite para ser consultor.

> Eu não havia acumulado poupança suficiente para parar de trabalhar. Também me parecia um desperdício parar tão cedo, tendo acumulado tanta experiência.

Arthur não encontrou um novo trabalho na área de vendas, por isso abraçou a oportunidade de ser consultor. Mas ele contou que não teria se aposentado, mesmo que seu capital de reserva fosse suficiente para isso. Mais tarde fez mestrado, período em que precisou reduzir despesas e contar com o apoio de familiares para manter-se sem trabalhar por dois anos. Pouco depois de obter a titulação, tornou-se professor universitário, aos 60 anos.

PROPÓSITO COMO MOTIVADOR DA TRANSFORMAÇÃO

A busca por propósito pessoal pode ser uma forte motivação para a mudança de carreira. Alguns dos meus entrevistados citaram que se sentir valorizados, úteis e contribuir para os outros, especialmente com as novas gerações, é especialmente gratificante no estágio de vida em que estão.

O caso de Alex ilustra essa busca pessoal por propósito. Após 25 anos de carreira em uma grande montadora de automóveis, na qual chegou a CFO, ele sentiu que sua energia estava se esgotando. Seu sonho de ser gerente-geral provavelmente não se realizaria, e ele estava frustrado com a organização em que trabalhava. Por isso decidiu tentar algo com mais significado pessoal.

> *A busca por propósito pessoal pode ser uma forte motivação para a mudança de carreira*

> Então [...] ser um gerente-geral não é tão simples de alcançar [...]. É por isso que eu também quero trabalhar de modo intercultural [...]. Eu acredito que posso definitivamente ajudar organizações a sobreviverem neste mundo.

Seguindo as políticas da empresa, o executivo logrou tirar um ano sabático, durante o qual testou várias atividades, estudou e viajou. Depois de morar em diversos países pela empresa automobilística em que trabalhava, Alex, com 50 anos, já tinha recursos pessoais suficientes para parar de vez. Entretanto, o executivo pediu uma licença não remunerada por tempo indeterminado à matriz na Europa e montou uma empresa de aconselhamento para executivos expatriados e organizações em expansão pela Ásia. Ele sentia que esse trabalho daria propósito à sua vida, por possibilitar que seus conhecimentos ajudassem outras pessoas e organizações. Como ele mesmo descreveu:

> Eu sinto que agora é a hora de pagar alguns dividendos para o mundo e de devolver essa riqueza que eu acho que fui capaz de acumular. Nesse sentido, não financeiro, mas em conhecimento.

Eu registrei a seguir evidências de significado como fator de motivação de vários outros entrevistados.

George explica a diferença de legado entre a publicidade e a atividade de professor universitário:

> Meu legado são as pessoas que eu ensino e aquilo que elas conquistam. Assim, eu penso que é como ter um filho... Meu legado em publicidade é tão pobre, e impermanente. Quando você se conecta com os alunos e os vê ficando interessados nos assuntos, e os vê se desenvolverem como pessoas é satisfatório [...]. Então, eles vão e arrumam um emprego e a recompensa é muito rápida; se alguém que eu ensinei ganha prêmios [...] eu me orgulho disso.

Adam adotou um modelo de *fair trade* (ser "justo" na remuneração dos empregados):

> Aqui nós temos um salário agrícola de 11 dólares e 19 centavos por dia para um agricultor de café, e a maioria dos fazendeiros está pagando para seus empregados entre 7 e 8 dólares por dia!

Roy se tornou *coach* de executivos:

> Eu não quero ser lembrado pelas fábricas que fechei, mas pelas pessoas com quem trabalhei [...]. Elas cresceram profissionalmente e pessoalmente, e elas estão felizes...

O que todos esses exemplos têm em comum é que foram motivados mais pela realização pessoal, por saber que o trabalho a que passaram a se dedicar tem significado para os outros, do que pela satisfação do ego em subir na carreira.

5

CONHEÇA A SI MESMO

CONHECER AS HABILIDADES É MAIS IMPORTANTE DO QUE DOMINAR O CONTEÚDO

As transições de carreira tardias podem ser uma fonte de reafirmação para profissionais de maior idade, assim como podem preencher muitas aspirações possíveis, por exemplo, atendendo a uma vocação específica, ou sendo fonte de significado por meio do trabalho. Contudo, as decisões que levam a tais transições podem ser afetadas por diversos fatores. Antecedentes externos (socioeconômicos, familiares, organizacionais etc.), influenciadores sociais e psicológicos e limitações de tempo têm um papel importante no processo de tomada de decisão de trabalhadores mais velhos.[32]

Ao examinar as decisões dos participantes do meu estudo, notei que havia uma questão comum à qual os meus entrevistados se perguntaram antes de mudar para a nova carreira: "Será que eu tenho as habilidades para aprender o novo trabalho e me adaptar a ele?". Curiosamente, a pergunta fundamental não era: "Será que eu sei como fazer as tarefas necessárias na nova profissão?". Observei que o conteúdo do trabalho não era nem de perto tão importante para

> •••••
> *Uma estratégia efetiva é procurar trabalhos baseados nas mesmas habilidades desenvolvidas na carreira anterior, porém em campos de atuação diferentes*
> •••••

os participantes quanto as competências necessárias para se darem bem no novo campo de atuação.

Mesmo sem domínio do conteúdo específico das novas ocupações, todos os executivos que fizeram a transição com sucesso para uma nova carreira radicalmente diferente da anterior sabiam que poderiam adquirir as habilidades requeridas pelo novo trabalho.

Eles também consideravam que aprenderiam essas novas habilidades em um período razoavelmente curto de tempo. O tempo é um fator de limitação que poderá determinar se um profissional sênior será capaz de atingir os seus objetivos dentro do período produtivo que ainda lhe resta na vida.[33] Assim sendo, profissionais com mais idade tendem a fazer apostas mais seguras para sua carreira-bônus. Como o conteúdo das profissões é perecível, isto é, ficará obsoleto quase invariavelmente, uma estratégia efetiva é procurar trabalhos baseados nas mesmas habilidades desenvolvidas na carreira anterior, porém em campos de atuação diferentes.

A expectativa de Daniel, ex-empresário de moda, em obter sucesso na nova ocupação como decorador/construtor de casas de luxo foi um motivador fundamental para a escolha de sua nova carreira.

Ele havia criado sozinho uma das marcas de moda mais conhecidas do mercado. Suas dezenas de lojas próprias chamaram atenção de fundos de investimentos, que acabaram por convencê-lo a vender sua empresa. Como mencionei anteriormente, Daniel teve dificuldades para se adaptar ao novo modelo de gestão da sua empresa e, assim que pôde, deixou a gestão do negócio. Sempre arrojado e visionário, Daniel, agora no início dos 60 anos, precisava fazer alguma coisa útil que não fosse no segmento da moda, no qual, por força de contrato, estava impedido de atuar por mais alguns anos. Ele me explicou assim sua decisão de se tornar um construtor/decorador de casas de luxo:

> Eu sempre trabalhei com beleza, com design. Vestir uma mulher ou decorar uma casa são a mesma coisa. Então, quando você trabalha com decoração, você lida com texturas, tecidos – é um processo muito semelhante. Esses trabalhos são muito parecidos. Você pode estar preparando uma coleção da nova estação ou a decoração de uma casa... é o mesmo. Se você tem um bom olho para uma coisa, você tem para a outra.

O exercício de comportamento adaptativo de carreira, ou seja, o comportamento que leva ao sucesso, é afetado pela crença de autoeficácia. Esta, por sua vez, é a crença pessoal de ter as habilidades necessárias para atingir algum objetivo de carreira, ou ter a habilidade de lidar com obstáculos específicos da nova tarefa.[34] Portanto, as pessoas tendem a se adaptar com mais facilidade quando elas acreditam que possuem as capacidades necessárias para ter um bom

> As pessoas tendem a se adaptar com mais facilidade quando elas acreditam que possuem as capacidades necessárias para ter um bom desempenho em uma determinada carreira que escolheram

desempenho em uma determinada carreira que escolheram.[35] Pesquisas mostram que as expectativas de êxito obtido por meio do trabalho futuro afetam de forma direta a intenção de se continuar trabalhando.[36] Afinal, ninguém quer entrar no jogo para perder, como mostrou Daniel em sua entrevista: "Se eu tenho um sonho, eu vou lá e faço. Eu tenho a capacidade de fazer as coisas acontecerem. Sou muito forte nisso. Eu quero, eu penso e eu realizo".

Já quando lida com a necessidade de desenvolver competências distintas, o profissional pode acreditar em sua habilidade de continuar aprendendo, e ainda se sair bem.[37] O conhecimento a respeito dos atributos para o sucesso na nova carreira de Daniel e o alinhamento com os fatores de sucesso da anterior foram motivadores-chave para ele se sentir confortável em começar uma nova carreira que era diferente da anterior em conteúdo/conhecimento. Ele preferiu evitar o estresse ou o dispêndio de tempo necessário para aprender novas habilidades, escolhendo uma atividade sobre a qual sabia que teria sucesso, como de fato ocorreu. Ele vendeu em apenas dois anos todas as casas de alto luxo que construiu e decorou.

TEORIA DO AUTOGERENCIAMENTO DE TRANSIÇÃO DE CARREIRA COGNITIVO-SOCIAL

O principal referencial teórico aplicado na análise das histórias que coletei foi o esquema de autogerenciamento cognitivo-social de transição de carreira (SCCT da sigla em inglês) de Lent e Brown.[38] A SCCT é um sistema de transição de carreira baseado na teoria cognitiva social.[39] Essa teoria compreende que os indivíduos são influenciados por variáveis cognitivas e contextuais quando tomam decisões de carreira. A teoria do "autogerenciamento SCCT" de Lent e Brown é uma extensão do trabalho de Bandura. Sua premissa é de que os fatores que influenciam as transições de carreira são menos relacionados à vocação do que à percepção que o indivíduo tem sobre sua capacidade de obter sucesso na carreira. Ela também relaciona diferentes estágios de desenvolvimento (estágios de vida) à habilidade dos diferentes profissionais de autogerenciarem a sua transição. Em oposição aos modelos anteriores ao SCCT que analisavam as transições para diferentes carreiras por uma perspectiva vocacional – na qual o profissional analisa o conteúdo da tarefa (novo emprego) a fim de inferir sua habilidade para mudar –, no modelo SCCT de Lent e Brown **não é somente a crença de que o indivíduo é capaz de fazer a transição e possui o conhecimento específico sobre a nova área, mas a crença de que poderá ter sucesso na nova tarefa é o elemento principal da mudança.** Esse referencial foi apropriado para a minha pesquisa, uma vez que a sua questão principal é direcionada exatamente para a análise de transições drásticas para novas carreiras *que não possuem similaridade em conteúdo* com a anterior. O referencial SCCT de autogerenciamento me permitiu enxergar a crença da autoeficácia e as expectativas dos resultados do trabalho como motivadores para comportamentos adaptativos em direção aos objetivos das mudanças de carreira (a decisão de migrar para um novo campo de trabalho).

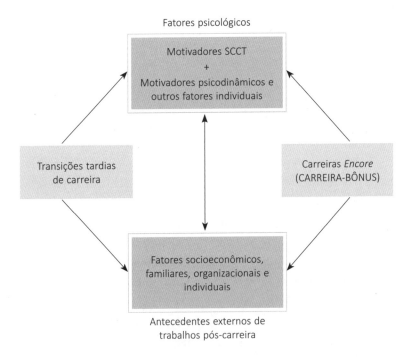

Figura 5.1 Integração dos fatores motivacionais da carreira-bônus.
Fonte: elaborado pelo autor.

APOSTA SEGURA

A preferência por uma aposta segura em uma ocupação com baixo risco de fracasso pessoal é um movimento inteligente para um último estágio de carreira, pois evita estresse desnecessário de adaptação. Esse tipo de motivação por afastamento (dos resultados ruins) é bem comum em transições de carreira e representa aquilo que o profissional não quer fazer. Do contrário, a motivação por aproximação indica o que a pessoa deseja como ocupação para si. As características do trabalho desejado somadas àqueles resultados indesejados compõem o amálgama motivacional nas transições de carreira que estudei.

O caso de Pablo (sobre o qual contarei a seguir), assim como outros da minha amostra de entrevistados, informa-nos sobre como as motivações de afastamento e aproximação funcionam no sentido de facilitar a mudança de profissão. Os fatores motivacionais de afastamento são tipicamente relacionados aos eventos críticos que originaram a transição. São representados pelo medo de repetir algo desagradável, como se sujeitar ao estresse (daí a aversão), comprometer valores e crenças pessoais, tédio, fracassos profissionais, perda de reputação etc. De maneira semelhante, os fatores motivacionais de aproximação influenciaram na decisão de buscar uma carreira-bônus, mas também na resolução de qual delas escolher. Tais fatores incluem a expectativa de autoeficácia (dar certo), obter uma imagem positiva com os outros, aprender, ter controle da carreira e flexibilidade de rotina e aliar a vida profissional a um propósito pessoal.

Um exemplo que não é tão óbvio para profissionais mais novos, mas que tem grande peso como fator de motivação por aproximação para os mais velhos, foi apresentado pelos entrevistados como "ser capaz de controlar a própria carreira e as decisões do dia a dia". Usei a história compartilhada por Pablo para ilustrar essa motivação.

Homem sereno e reservado, Pablo havia dedicado a maior parte de sua vida à carreira empresarial, na qual chegou a ser presidente de uma gigante do setor em que atuava. Depois dos 50 anos de idade, ele se animou com a possibilidade de tornar-se um empreendedor "ponto-com", e deixou o cargo. A empreitada não deu certo. Em pouco tempo, ele se mudou para a Europa com a família, onde começou a trabalhar como *headhunter* em uma firma global. Ele permaneceu 11 anos nessa carreira. Essa experiência deu a Pablo uma visão aprofundada sobre o funcionamento do setor. Ele tinha muitas críticas ao formato de trabalho e à falta de flexibilidade e autonomia que tinha na função.

Motivado pela necessidade intrínseca de retomar o controle de suas decisões, atuar de acordo com seus valores e buscar maior flexibilidade em sua rotina, ele decidiu deixar a ocupação no escritório. Foi estudar no exterior para tornar-se *coach* de executivos. Com os contatos e a experiência que tinha na área, seria capaz de rapidamente fazer a nova ocupação dar certo.

Ele expressou o ganho de flexibilidade como um dos fatores que o motivaram a mudar de carreira e escolher o *coaching* como ocupação principal:

Claramente eu tenho mais flexibilidade [hoje]. Isso era um dos objetivos [da transição para o *coaching*]. Então, por exemplo, eu vou levar minha filha para uma viagem e vou ficar com ela por três semanas [...]. Assim, no novo negócio, eu tenho mais controle da minha agenda [...]. Antes, era bem mais difícil.

A história compartilhada por Pablo também inclui exemplos de motivação de afastamento, como mostra o trecho extraído da entrevista, em que fala sobre as causas de sua saída da profissão anterior, como *headhunter*:

> Eu acho que tem muitas coisas que estão erradas [na área de *headhunting*]. Mas agora acho que posso fazer coisas que eu posso e quero fazer, fazer de maneiras diferentes [...]. Por exemplo, você faz recrutamento... então uma empresa de tabaco te chama... você faz. Hoje, eu não faria! Mas se você é parte do escritório, é muito difícil não fazer [...]. Eu agora posso dizer [para meus clientes]: "Escuta, você não precisa contratar ninguém, você só precisa de inteligência", mas para um escritório de *headhunting* a forma mais lucrativa é a de achar um candidato.

Outro fator a ser evitado (motivação de afastamento) pelos participantes da minha pesquisa que optaram por se tornar empresários foram os causadores de estresse desnecessário. Alguns dos meus entrevistados demonstraram uma tendência de evitar situações de risco de conflito com parentes, subordinados e, principalmente, sócios, ao iniciar uma carreira após certa idade, como explicou Daniel ao me contar sobre seu novo empreendimento:

Eu fico melhor sozinho... Eu não quero mais ter um sócio, jamais! [...] Eu me dei mal muitas vezes na vida, até tive uma sociedade em um negócio com um irmão [...], o negócio cresceu e tivemos problemas [...]. Então, você aprende.

Essa característica mostra não somente um elevado autoconhecimento, mas também um alto nível de motivação de convicção, o que não se deseja de uma carreira-bônus.

CONTEÚDO COMO PARTE DO SUCESSO NA CARREIRA-BÔNUS

Existem vários registros de militares que perdem o senso de missão quando se aposentam[40] e acabam entrando em depressão. A história que vou contar é a de um coronel da PM que, aos 53 anos de idade, iniciou sua carreira-bônus na Administração Pública Municipal. A história nos ajuda a compreender o árduo trabalho de adaptação e aprendizado que acontece quando alguém se lança na carreira política.

Santos sempre ficou entre os primeiros da turma na Academia Militar. Orador astuto, trilhou em sua carreira na Polícia Militar um caminho de destaque entre o trabalho "de campo" e a área de comunicação institucional, na qual criou a reputação de inovador. Próximo de sua aposentadoria, ainda como major, recebeu o desafio de liderar o batalhão de uma importante, mas violenta, cidade da região metropolitana da capital do seu Estado. Santos sabia que era sua chance de aposentar-se como coronel, o que lhe traria reconhecimento e mais segurança financeira na terceira idade.

Ele acabou aceitando sair da tranquilidade do escritório para dedicar-se ao seu batalhão. Seu trabalho durou dois anos. Quando visitei sua unidade, como estudante de Psicologia Organizacional Clínica pelo INSEAD, Santos me apresentou indicadores criminais despencando na cidade. Ele falava dos números e explicava as iniciativas com grande animação. Dava para ver que se sentia orgulhoso com os resultados de sua unidade de polícia. Sua estratégia era simples: atuar na prevenção de causas de criminalidade de maneira sistemática, baseando-se em indicadores quantitativos e ações coordenadas com os demais órgãos de segurança pública. Santos foi muito bem, a promoção e a aposentadoria vieram naturalmente. De fato, ele sabia muito sobre a cidade, sobre segurança, sobre liderar a tropa e combater o crime com inteligência. Na PM, chegou até mesmo a apresentar suas iniciativas no Departamento de Polícia de Nova Iorque (NYPD), nos Estados Unidos.

Sua reputação era tão boa no município que ele foi convidado a sair candidato a um cargo público, pelo partido da oposição. Não ganhou a eleição, mas assumiu a Secretaria de Segurança Pública da cidade na gestão seguinte, que também o havia cortejado para o partido da situação. Afinal, Santos era uma unanimidade local.

Como secretário de segurança, a situação era outra, com pouco orçamento, *staff* reduzido e prioridades políticas às vezes conflitantes. O coronel começou a sentir-se frustrado com a Administração Pública, sentia que não tinha o controle da situação como antes. Entre sair da política e "aprender o jogo", Santos afirmou: "Não se pode mudar a política estando fora dela. Desde que os meus valores pessoais não estejam em risco, vou continuar". E assim ele estabeleceu seu limite para permanecer no jogo. "Mas eu não descarto atuar na iniciativa privada, acho que tenho muito a oferecer", disse ele ao ser indagado sobre a possibilidade de sair dessa arena.

Quando conversamos pela última vez, por telefone, Santos confessou que havia errado, tinha agido na política como agia na PM, referindo-se ao fato de ter dado sua palavra para o partido da oposição e não ter mudado em tempo de sair como vice-prefeito na chapa que ganhou as eleições. "Aprendi que, na política, você revela as suas intenções somente na hora certa." Santos tinha clareza do que queria quando entrou na política, mas não previu que seria tão desafiador adaptar-se. Ele não desistiu: aos 54 anos já tem em mente um plano político de longo prazo e começa a explorar alternativas para superar os obstáculos que encontrou no início. Seu movimento é de construção de novas alianças, potencializando os pontos em que acertou e aprendendo com os enganos do início da carreira-bônus. Ao fazer isso, Santos mostra que é flexível para adaptar-se às novas circunstâncias da carreira que iniciou.

Atletas de alta *performance* têm uma vida profissional curta. No futebol, por exemplo, aos trinta e poucos anos são forçados a parar de competir por questões físicas. Muitos desses atletas param de competir profissionalmente, mas não param de trabalhar.[41] É interessante usar esse exemplo tão marcante para ilustrar bem as transições para carreiras-bônus. Observe o exemplo do jogador de futebol Ronaldo "Fenômeno": depois de uma carreira bem-sucedida, o atleta se voltou ao marketing esportivo. Dotado de carisma, *networking* e ótimas habilidades interpessoais, ele decidiu continuar trabalhando no ramo de marketing, no qual suas habilidades o levariam ainda mais longe. Outros atletas profissionais se tornam treinadores de equipes e, alguns, com maior habilidade política, acabam indo nessa direção. Saber o que fazer em uma transição radical de carreira requer uma boa dose de autoconhecimento e reflexão. Ao definir um campo de atuação, o profissional abre mão de outras oportunidades, é um *trade-off* (troca compensatória) que deve ser ponderado com cuidado. Essa avaliação deve começar bem antes do momento da mudança, pois exige tempo do profissional para juntar informações sobre o trabalho, bem como para conhecer-se melhor, testar os possíveis campos de atuação e buscar apoios e validações necessárias. Então, como se preparar para a nova carreira?

A maioria das pessoas vai notar a sua mudança de carreira somente quan-

> *Saber o que fazer em uma transição radical de carreira requer uma boa dose de autoconhecimento e reflexão*

do ela ocorrer, ou seja, perceberá apenas a alteração do seu *status quo*. No entanto, apenas quem está passando pela mudança sabe que muita coisa aconteceu antes desse fenômeno, criando causas e condições necessárias para que ela se desse.

Quando alguém quer mudar radicalmente de carreira forma-se uma sequência de eventos subjetivos e objetivos que permeiam esse processo de transformação. A fase preliminar, ou pré-contemplação, começa quando nos damos conta de que existe a possibilidade de mudar. Em geral, notamos que há casos de referência, como pessoas que fizeram uma transição de carreira e estão ao nosso redor. Apesar de ter força de sugestão, nessa etapa, ainda não somos provocados a pensar profundamente na mudança, mas apenas a tomar consciência de que ela existe.

Um jovem executivo que prospera com rapidez antes dos 30 anos, atingindo o alto escalão de uma corporação, sabe que é possível mudar de carreira, mas raramente irá considerar isso para si. Em geral, será necessário que algo doloroso aconteça para que alguém bem-sucedido cogite a mudança para si. Esse evento externo ou interno é o gatilho para que o profissional considere abandonar a profissão. Eventos externos típicos são demissões, doenças, problemas familiares, na empresa etc. Eles influenciam a pessoa "de fora para dentro". São, portanto, fenômenos objetivos. Já os eventos internos são geralmente subjetivos e derivam de expansão de consciência sobre a condição que envolve o próprio indivíduo. Alguns chamam esses eventos de *un-*

freezing events (eventos descongelantes). Ou seja, situações críticas reais que compelem as pessoas a darem um basta e fazerem alguma coisa a respeito.[42]

***

Pedro, ex-executivo de uma multinacional de bens de consumo, estava muito bem resolvido e até relativamente contente com sua carreira até perceber – após os 50 anos – que era de fato homossexual. Essa expansão de consciência sobre si, ou seja, o autoconhecimento decorrente desse evento, fez com que Pedro passasse a contemplar uma mudança de estilo de vida (separar-se da esposa, contar para os filhos adultos, viver em um país tolerante com homossexuais e trabalhar em organizações de mentalidade aberta). Na fase da contemplação da transição, ele pensou em muitas possibilidades e imaginou como se sentiria se realmente fizesse tudo o que tinha vontade. A constatação de que se sentiria mais feliz o levou a dar o próximo passo: planejar a sua mudança. Então, traçou metas pessoais e partiu para a ação. O plano foi meticuloso a ponto de considerar, inclusive, o modo de contar aos colegas de forma que a notícia de que havia assumido ser homossexual chegasse até o escritório central da empresa. Ele sabia que esse era um recurso para forçar seus superiores a aposentá-lo mais cedo. Do lado pessoal, Pedro planejou como contar à esposa, entendendo o tempo que levaria para que ela processasse essa novidade. Em seguida, elaborou mentalmente o processo de divórcio para evitar conflitos. Finalmente, junto com a ex-mulher, preparou-se para revelar toda essa história aos filhos, da melhor maneira possível, e só então planejou o início da nova carreira.

A ação aconteceu de acordo com o esperado. Pedro pôde seguir a vida tendo obtido um bom pacote de desligamento da empresa, mantendo a amizade com a ex-mulher e o respeito dos filhos em relação às suas decisões. Hoje, ele é professor universitário e consultor de empresas. Mas tudo isso levou tempo e demandou um certo nível de ajuste pessoal antes da "grande virada": "Eu tirei dois anos sabáticos, comecei a reduzir gastos, fiz terapia etc.", explicou Pedro.

Hoje ele está casado com um companheiro o qual admira muito. Faz trabalhos voluntários relacionados à cultura popular e me reportou sentir-se muito feliz com suas escolhas. Pedro já está na última etapa de sua transição, a fase de manutenção da nova carreira. Em nossa conversa, ele me contou que havia sido convidado para assumir uma posição de gestão dentro da escola em que leciona. Para manter-se satisfeito com sua nova escolha de carreira, afirmou que não queria mais do que já havia feito em toda a sua vida profissional, ou seja, ser um gestor; ele teria o máximo de satisfação como professor, como um contador de histórias. Em suas palavras:

> Tem essa cena do filme *Indiana Jones*, com o Harrison Ford, em que ele está ensinando e a aluna o segue para fora da sala de aula, e essa aluna tem "Eu te amo" escrito nas suas pálpebras [...]. Eu quero aquela cena [...] o sentimento de que a aula não acaba quando termina, que [a conexão] vai além da sala de aula [...].

Eu não quero ser diretor de uma escola de negócios. Eu vejo a burocracia lá, e é muito pior do que era na minha última empresa... Eu quero ensinar...

Com a decisão de não aceitar o cargo de gestão acadêmica, Pedro reafirma sua proposta de vida, de trabalhar no que traz o máximo de coerência com seus valores e satisfação pessoal. Graças ao seu nível de autoconhecimento, o professor sabe o que quer fazer e o que quer evitar em sua nova carreira. Embora seja aberto a novas possibilidades, sua clareza de metas pessoais mantém a proposta de carreira-bônus no curso que vislumbrou.

6

SUPERAÇÃO DE BARREIRAS PARA A TRANSIÇÃO

A PREPARAÇÃO FINANCEIRA

Profissionais bem-sucedidos geralmente querem ser vistos como pessoas que estão progredindo na carreira. Essas pessoas não querem sustentar uma imagem de "aventureiros" tardios que se atiram em uma empreitada arriscada, ameaçando a estabilidade da sua família. Por isso, é normal que os profissionais façam uma dupla análise antes de iniciar uma carreira-bônus: chequem a viabilidade financeira da transição e validem suas decisões com os cônjuges ou parceiros. As duas verificações não são desconectadas. É natural imaginar que ter um planejamento financeiro antes da mudança constitui um dos principais argumentos apresentados aos familiares a favor da transição.

Antes de saltar no trapézio, é necessário con-

Profissionais bem-sucedidos geralmente querem ser vistos como pessoas que estão progredindo na carreira

> Ao buscar um ideal de segurança total, muitos não fazem nada, ficam congelados

ferir se há uma rede de segurança. Sem ela, o pulo pode ser realizado, mas o risco de erro tem que ser zero. Como esse cenário (de risco zero) é, no mínimo, ingênuo, ou fantasioso, é fundamental ter essa parte do planejamento bem resolvida antes de executar a saída.

Se, por um lado, deve-se procurar uma rede de proteção, por outro, todo novo impulso profissional requer certo nível de arrojo (risco). Mas como ter audácia e ser cauteloso ao mesmo tempo? A resposta, mais uma vez, passa pela compreensão dos próprios limites. Isso quer dizer que se deve tentar entender o quanto de poupança se quer ter antes de arriscar em uma transição radical de carreira. Nesse sentido, as perguntas que meus entrevistados fizeram a si mesmos foram:

- Consigo viver com o que já tenho?
- Se eu tivesse uma vida mais simples, como seria?
- Como me sentiria se tivesse que fazer algumas restrições de gastos?
- Quanto é suficiente poupar para ter um nível de conforto aceitável?

Devemos entender até que ponto é necessário economizar para a transição. Naturalmente, nosso desejo é ter o máximo possível de segurança antes de fazer qualquer movimento. No entanto, ao buscar um ideal de segurança total, muitos não fazem nada, ficam congelados.

ARMADILHAS DO SUCESSO

Eu entrevistei Romeo, um executivo de 53 anos de idade que já havia passado pela presidência de algumas empresas de grande porte.

Sua carreira foi marcada por uma sucessão de conquistas; desde que havia começado como representante de vendas nos Estados Unidos, sua ascensão foi rápida e consistente. Ele sempre foi muito confiante em sua capacidade de adaptar-se e resolver problemas, e sua trajetória reforçava sua autoimagem de vencedor. Seu último emprego, como presidente de uma empresa, durou três meses. Romeo deixou o cargo ao perceber que não seria possível mudar o *modus operandi* da companhia, que ameaçava sua integridade e reputação. Dois anos depois, ainda se denomina "desempregado", mas trabalha em projetos avulsos. Nesse período, atualizou-se, estudando para se tornar um conselheiro de empresas e *coach* de outros CEOs, a convite de uma grande firma de *headhunting*. Ele montou uma empresa para prestar serviços de consultoria e já vislumbra a possibilidade de atuar nessa área permanentemente. Mas nem tudo está perfeito. Ao perguntar se Romeo queria voltar para a vida corporativa, a resposta do executivo foi positiva. "Quero fechar meu ciclo corporativo", disse ele.

Ao ouvir a resposta, não me contive e falei: "De onde eu vejo, seu ciclo já está mais do que completo, o que mais

> Muitas pessoas derivam seu senso de identidade a partir do seu título e organização

você espera?". Romeo sorriu e confessou, um tanto encabulado: "Quero fechar meu ciclo financeiro, sabe... fazer uma reserva suficiente para manter o padrão de vida atual".

Segundo pesquisadores de transições de carreira, a identidade profissional é indissociável da própria imagem que o indivíduo faz de si. Muitas pessoas derivam seu senso de identidade a partir do seu título e organização. Essa superidentificação com empresa e cargo pode levar a um subdesenvolvimento de outros aspectos da identidade[43] e à supervalorização de reconhecimentos e expectativas externas. Romeo poderia estar sendo vítima das expectativas e dos valores dos outros em relação a si. Observe que ele não conseguia se esquivar da necessidade de racionalizar a identidade corporativa com uma causa plausível:

> Eu o conheço bem, meu filho, e percebo que tem alguma coisa errada no modo como ele trata esse assunto comigo. Afinal, seu pai está "desempregado" há dois anos.

No caso de meu entrevistado, sua segurança foi por muito tempo provocada por uma autoimagem fundida com a de seu cargo e organização. Na ausência de uma organização maior como respaldo à sua identidade, a necessidade de obter mais dinheiro criaria uma compensação para sua insegurança como profissional autônomo.

AJUDA DE UM *COACH* PROFISSIONAL

Devemos ficar atentos a esse tipo de armadilha. Para isso, é importante estabelecer critérios objetivos e subjetivos para saber quando a troca de um tipo de carreira por outro compensa. Nesse sentido, fazer uma boa avaliação da realidade é algo imprescindível. Mas como esse tema da transição envolvendo perdas traz questões emocionais (e até inconscientes) delicadas, pode ser bem útil procurar ajuda de alguém com uma visão isenta do assunto fora da família.

Romeo, por exemplo, afirmou que sentia falta de não ter desenvolvido a sua espiritualidade durante o período em que atuou como alto executivo. Para ele, "transcender a lógica" era um passo além do domínio das técnicas de resolução de problemas ensinadas nos MBAs e programas de liderança que frequentou. Ele sentia a necessidade de buscar na espiritualidade as respostas para os dilemas emocionais que sentia, mas não conseguia resolver sozinho, mesmo aplicando suas próprias técnicas de *coaching*.

> *É importante estabelecer critérios objetivos e subjetivos para saber quando a troca de um tipo de carreira por outro compensa*

> *É quase impossível evitar sentir medo quando há uma ameaça objetiva*

Um *coach* ou mentor pode ajudar a avaliar a realidade a partir de outros ângulos. O trabalho do *coach* é permitir que você teste as suas próprias possíveis justificativas, refletindo sobre elas como um espelho à medida que se aprofunda. Isso permite que você mesmo valide as decisões cujas respostas tenham mais a ver com suas metas pessoais, crenças e valores intrínsecos.

Um *coach* deve ser um facilitador da sua mudança, não alguém que diz o que fazer. Existem várias explicações sobre a razão de as pessoas não mudarem mesmo quando estão insatisfeitas: falta de conhecimento, de tempo, ausência de apoio de terceiros, carência de oportunidade e outras tantas possíveis explicações. No entanto, psicólogos afirmam que a causa raiz por baixo de tantas possíveis explicações é, frequentemente, o simples medo da mudança calcado em premissas distorcidas sobre o efeito das mudanças no indivíduo.[44] É quase impossível evitar sentir medo quando há uma ameaça objetiva. Os militares em combate sentem medo também, mas são treinados para não "congelar" diante do inimigo. Devemos fazer o mesmo com nossos medos subjetivos, ou seja, nos manter vigilantes enquanto buscamos evidências válidas e objetivas da possível ameaça. Nesse processo de reflexão assistida, um *coach* ou psicoterapeuta pode ajudá-lo a não travar na presença do medo subjetivo, enquanto busca as respostas de que precisa.

TRANSCENDENDO A LÓGICA

A busca por um trabalho com significado só pode ter sucesso com uma certa dose de autoconhecimento. Narrativas e reflexões sobre valores pessoais, metacompetências e habilidades ajudam no planejamento das transições de carreira.

Em minha própria história, desde muito cedo usei a psicoterapia como ferramenta de apoio às minhas decisões. Esse tipo de terapia permitiu que aos 30 anos eu já tivesse consciência suficiente dos meus objetivos para que fizesse a primeira transição drástica, de gestor corporativo para empresário. A terapia me permitiu entender a origem dos meus desejos como profissional, minhas motivações ocultas. Também me ajudou a conhecer o que eu não queria fazer. No entanto, foi a contínua reflexão por meio da meditação diária que me trouxe ideias do que eu gostaria de colocar em prática como negócio próprio. Minha esposa me apoiou cem por cento naquela transição de carreira, os outros familiares expressaram bastante

> • • • • •
> *A busca por um trabalho com significado só pode ter sucesso com uma certa dose de autoconhecimento*
> • • • • •

> Recomeços exigem resiliência

dúvida sobre minha determinação em sair do âmbito corporativo (algo bastante comum). Embora eu não tivesse colocado em votação, em minha mente essa equação de prós e contras só foi "desempatada" em favor de eu iniciar um negócio próprio porque contei com suporte incondicional da comunidade religiosa a que pertenço. Mas isso é apenas a minha experiência. Obviamente, cada pessoa tem seu sistema de suporte psicológico e emocional para os momentos em que as decisões estão envoltas na nuvem da incerteza. Qualquer que seja a origem desse tipo de certeza (o apoio do cônjuge, a fé, a segurança da autoeficácia etc.), é bom contar com, pelo menos, essa segurança subjetiva antes de arriscar uma nova jornada. Recomeços exigem resiliência. Como iniciante que eu era quando montei minha empresa, a fé e o apoio de pessoas importantes para mim trouxeram coragem para que eu tomasse decisões plenas num momento inicial em que era importantíssimo não hesitar.

Dez anos depois de abrir minha empresa, aos 40 anos eu já possuía bastante sucesso em meu campo de atuação, pelo menos mais do que eu mesmo esperei ao iniciar: escrevi dois livros que se tornaram referência em *trade* marketing, liderava 25 colaboradores diretos em minha empresa, conquistei 40 dos top 50 clientes do meu setor, dei mais de 100 palestras para aproximadamente 3 mil executivos em cinco países e não vivia mal. Nesse ponto da minha jornada profissional eu já tinha a sensação de dever cumprido. Comecei então a refletir sobre minha carreira e o que eu buscava para o futuro. Entendi que gostaria mesmo de ter um propósito mais elevado para minha carreira-bônus, ou seja, aquela que começa após os 50 anos. Para atingir esse objetivo, resolvi me preparar com mais de dez anos de antecedência.

A ajuda de um profissional de *coaching* foi essencial no período de três anos em que analisei o que queria realizar na vida após os 50. Ao narrar minha própria experiência e "conectar os pontos" durante as sessões, eu tive a chance de fazer sentido dessa coletânea de crônicas vividas. Esse processo de revisitar a história e criar sentido é descrito por Herminia Ibarra como uma "ferramenta fundamental para a reinvenção de si" porque permite ao indivíduo criar as conexões entre a antiga e a nova identidade de forma convincente para si e para os outros.[45] É impressionante como o ato de criar uma narrativa nos ajuda a conhecer melhor quem somos e o que queremos. Usando esse processo de *storytelling*, fui encontrando padrões de reação que eu seguia automaticamente, sem me dar conta de que existiam. Ou seja, identifiquei padrões de respostas inconscientes, às vezes emocionais, a eventos externos que me impactavam. Em uma das reflexões que fiz após uma sessão de *coaching*, concluí que eu havia sabotado inconscientemente a entrada de importantes investidores como sócios da minha empresa... Agi inadvertidamente assim quatro vezes seguidas!

> *Gerar autoconhecimento não é um processo indolor*

Foi no *coaching* que descobri as causas autoimpingidas para outras situações difíceis que havia vivido como empreendedor. Não pense que é indolor tomar conhecimento desses enganos. Assumir a responsabilidade pelos percalços que vivi foi muito mais desgastante do que qualquer outra experiência passada na carreira. Foi preciso tempo para processar todos esses achados, em realidade três anos inteiros. Nesse período, estudei diversos assuntos, entre os quais concluí um mestrado em Psicologia. Sobre o nível de desconforto proveniente dessas descobertas, a comparação que faço é com alguém que prende o dedo por acidente na porta. Isso dói tanto quanto dar uma martelada na própria unha. Entretanto, nesse último caso, a dor real vem acompanhada do sofrimento psicológico de saber que, provavelmente, era possível ter evitado a martelada errada se tivesse sido mais cuidadoso. Gerar autoconhecimento não é um processo indolor. Por isso muitas pessoas o evitam mantendo-se superocupadas com trabalho, filhos, treino, *hobbies* etc.

Durante as longas viagens para o INSEAD, em Singapura, delimitei inúmeros cursos de ação para minha carreira, chegando àqueles que acreditei serem os melhores para mim e para minha família. Quando fiz 40 anos, retirei-me ao Nepal para pensar na vida. Como tantos outros, a consciência de estar "no meio do caminho" me provocou a reflexão sobre o que eu queria fazer com a segunda metade da minha vida. Duas semanas se passaram e a pergunta não saía da minha mente. Não tinha dúvida de que qualquer meta em que eu posicionasse minha mente seria atingida. Mas permanecia a dúvida: "O que eu realmente queria?".

ROLE MODELS COMO GUIAS PARA A AÇÃO

Role models são modelos de referência de comportamento e decisão. Normalmente, a identificação com papéis profissionais se dá de acordo com as expectativas geradas pela sociedade.[46] Nesse sentido, ter modelos de referência que fizeram transições bem-sucedidas para carreiras-bônus poderá ser um alívio para algumas ansiedades criadas pelas incertezas do processo de transição.[47] Evidências de tais mecanismos sociais de enfrentamento nos são oferecidas por ONGs, como a Encore.com, que recorre intensamente ao referenciamento de modelos, por meio de testemunhos vigorosos, como forma de incentivar aposentados a voltarem para o mercado de trabalho. Os exemplos de terceiros nos ajudam a perceber que é possível realizar algo novo (apenas para nós) e que existem possibilidades de fazer isso com sucesso.

Quem é o seu *role model* de carreira? Sempre faço essa pergunta para meus *coachees*. Algumas pessoas buscam referências em pessoas admiráveis, famosas ou "super-heróis" executivos. Tais figuras são inspiradoras, porém raramente será possível obter informações suficientes sobre suas transições de carreira para que sejam um modelo didático a ponto de guiar alguém na prática. Em meus estudos com profissionais com mais de 50 anos que fizeram transições drásticas de carreira, descobri que, na ausência de *role models* da mesma idade e com situação semelhante, os profissionais espelhavam-se nos pais ou recorriam à própria história de vida na juventude como modelo para o futuro, repetindo o mesmo modo de iniciar uma carreira que garantiu sucesso para eles no passado. No caso dos pais como figuras-guia, encontrei evidências de que, com comportamentos descuidados com a família ou carreira (por exemplo: ausente – pai de Alex; alcoólatra – pai de Pedro; *workaholic* – pai de Roy) ou com profissões de moral questionável (como coletor de apostas, caso do pai de Adam), poderiam criar para os filhos "anti" *role models* no que se refere à relação com o trabalho e a família.

APRENDER NA PRÁTICA

"– Você sabe o que quer fazer?"
"– Não, só vou saber quando eu fizer."

(minha filha, de 6 anos)

Antes de fazer grandes planos, resolvi testar o campo de atuação em que mais me via trabalhando após os 50 anos de idade. Colocar a teoria à prova tem sido muito eficiente para mim, principalmente quando a experiência é negativa. Acredito que saber o que não queremos é tão importante quanto saber o que desejamos fazer. Então, coloquei em prática meu possível caminho (ou *possible self*) para ver se minha hipótese sobreviveria ao laboratório da vida. A ideia não era testar o resultado financeiro com a atividade, nesse caso, a atividade de *coach* e consultor de desenvolvimento organizacional, mas "brincar" com o novo papel em um ambiente controlado, e descobrir como eu me sentiria realizando essa atividade e o que faltava para ter sucesso no ramo. Desenvolvi inicialmente um método a partir de estudos acadêmicos e o coloquei em testes com clientes. Acredito que tenha me saído bem, sinto-me renovado depois do trabalho com clientes de *coaching* e consultoria or-

> *Saber o que não queremos é tão importante quanto saber o que desejamos fazer*

ganizacional. A prática me ensinou muito sobre os detalhes da nova ocupação, sobre o que quero e o que não quero fazer. Acredito que vou descobrir fazendo, se acertei na decisão ou não, da mesma forma como fizeram Hamilton, George, Adam, Pablo, Alex, Daniel, Roy, Pedro, Marco, Raul, Arthur, Satiko, Santos e Romeo.

PARTE II
RECOMENDAÇÕES

VOCÊ NÃO ESTÁ SOZINHO NO "CAOS" DA TRANSIÇÃO

As entrevistas com ex-CEOs, altos executivos e empresários, conduzidas com a finalidade de estudar as experiências vividas nas transições em direção a carreiras-bônus, permitiram que eu desenhasse uma espécie de sequência geral do processo, além de entender as decisões envolvidas em cada etapa. Com base nesses achados, irei apresentar recomendações para que a eventual transição do leitor seja mais feliz.

Dessa maneira, nos capítulos seguintes, meu objetivo é expor o processo de transição como um ciclo, com etapas mais ou menos definidas. Meu propósito não é criar uma lista dos "dez passos" para uma transição para carreira-bônus, mas acredito que, ao oferecer uma visão mais holística do que acontece, a sensação de caos que muitos profissionais relatam quando estão vivendo a mudança pode ser equilibrada com um pouco de ordem extraída a partir de experiência de terceiros.

Muitos especialistas descrevem o processo de transição de carreira ou "reinvenção"[48] como uma sequência que começa com o "fim" da carreira anterior; é seguida por uma "zona neutra" – na qual a transição ainda não aconteceu completamente –; e, finalmente, sucede o "novo começo".[49] Em meu estudo percebi um padrão semelhante ao descrito por esses autores, por isso procurei manter essas macroetapas em mente para descrever o processo de transições para carreiras-bônus sem, no entanto, me apegar a termos e definições acadêmicas.

Organizei uma espécie de trilha contendo as principais preocupações, checagens, gatilhos, motivadores, além de estratégias de decisão envolvidas na transição. A sequência de etapas descrita no quadro a seguir foi inspirada em estudos científicos e em relatos de pessoas que vivenciaram transições para carreiras-bônus. A seguir, em cada fase dessa jornada, além de uma breve explicação, compartilharei as boas práticas e riscos a serem considerados por quem pretende começar a sua própria carreira-bônus.

"CARREIRAS-BÔNUS" – FRAMEWORK PARA REINVENÇÃO PESSOAL APÓS OS 50 ANOS

TÉRMINO: deixando o trabalho ou ocupação atual	ZONA DE TRANSIÇÃO: escolhendo a sua nova carreira	NOVO COMEÇO: iniciando uma nova carreira	O LEGADO: criando um legado profissional
Autoconhecimento: Será que estou me desencantando com esse trabalho?	Inspiração: Que outras possíveis ocupações me atraem?	Integração: Critérios de eficácia na nova carreira e criação de sentido	Envelhecendo produtivamente
Gatilhos: Quais são os meus limites de tolerância nessa ocupação?	Motivação: O que eu quero e o que eu não quero para mim?	Desenvolvimento: Acelerando a curva de aprendizado	Criando um legado
Avaliação: Qual é o melhor momento para sair? Como sair bem da carreira atual?	Informação: Como saber em que áreas eu me daria melhor?	Riscos: Evitando desgastes desnecessários	
Planejamento: Quais são minhas metas?	Decisão: Instrumentos para eleger uma nova carreira	Alavancas: Usando o diferencial da experiência para prosperar	

Parte II • Recomendações

7

DEIXAR A OCUPAÇÃO ATUAL PARA TRÁS

EM TRANSIÇÕES DE CARREIRA, COMEÇAMOS PELO FIM

Parece ilógico, mas toda transição só começa, na prática, quando alguma outra coisa termina. Essa "coisa" pode ser a carreira anterior, mas também pode significar rejeitar o próprio ócio para aqueles que já estão cansados de serem aposentados.

Neste capítulo, iremos percorrer a jornada do profissional que decide abandonar sua carreira em direção a outra. Para isso, serão endereçadas as quatro principais etapas do processo: autoconhecimento, gatilho, avaliação e planejamento. A ação propriamente dita de escolher uma nova carreira será o tema do próximo capítulo. Assim, vamos focar no caso mais comum, ou seja, quando decidimos largar nossa carreira para fazer

> •••••
> *Toda transição só começa, na prática, quando alguma outra coisa termina*
> •••••

> *Para ter certeza de que existe um desconforto significativo na atividade atual, o profissional deve refletir sobre suas experiências no trabalho*

outra coisa. Sem dúvida, a mera contemplação dessa possibilidade já demonstra um certo nível de incômodo com a ocupação do momento. Esse desencantamento com a profissão, como vimos anteriormente, pode ter várias origens, do simples sentir-se entediado com a atividade, passando por uma sensação de perda de controle sobre a carreira, até um desacordo profundo de valores pessoais e organizacionais, que coloca em risco a integridade psicológica do indivíduo.

É normal haver reclamações do trabalho, isso não significa que você está perdendo a motivação de continuar nele. Ficar um pouco entediado com o cotidiano também é perfeitamente aceitável. Afinal, os seres humanos tendem a se adaptar a qualquer nova condição pessoal e rapidamente transformar o que antes era excitante no estado emocional de base, ou seja, perdemos o interesse. Para ter certeza de que existe um desconforto significativo na atividade atual, o profissional deve refletir sobre suas experiências no trabalho.

A reflexão, como o próprio nome sugere, consiste em olhar para si a partir da perspectiva de alguém que se vê num espelho. Refletir é uma atividade que não pode ser delegada. Ninguém pode refletir por você, nem mesmo se você contratar o melhor *coach* de executivos do mundo ele poderá fazê-lo. A reflexão pressupõe uma certa solidão temporária. Mesmo que você ache que reflete melhor conversando, isso não é sempre verdade. A narrativa nos ajuda a fazer sentido das experiências, mas a reflexão acontece antes das palavras. É somente quando estamos sozinhos com nossos sentimentos e pensamentos que podemos nos dar conta deles. E, mesmo que eles não façam sentido lógico num primeiro momento, reconhecer as próprias emoções e os pensamentos subjacentes é a porta para acessar o "teatro" interno que ocupa nossas mentes enquanto processamos as situações da vida.

UM OLHAR DE FORA PARA DENTRO

Então, como saber que você está realmente se desengajando da sua carreira ou se isso que está sentindo é só o desconforto natural proveniente do costume? Bem, primeiramente, afaste-se da rotina para obter uma visão "de fora para dentro" sobre sua vida. Você pode aproveitar um período sabático, férias ou mesmo um feriado prolongado para refletir. Evidentemente, é difícil se programar para isso, mas eu o convido a tentar reservar um tempo sozinho para pensar. Durante esse período, evite se ocupar com outras metas, como treinar para uma maratona ou pintar a casa. Você pode até viajar, mas é importante que seu foco seja na reflexão. Todos os anos, desde 2002, eu reservo a semana que vai do Natal ao ano-novo para refletir sozinho. Para mim, esse é um momento esperado, mas muito desafia-

> •••••
> Refletir sobre suas experiências profissionais consiste em procurar entender como se sentiu no momento em que elas aconteceram
> •••••

dor, porque sei que ficar em silêncio com meus pensamentos não é nada fácil. Seria muito mais confortável ceder à pressão de parentes e amigos e acompanhá-los à praia ou ao interior. Porém, é nesse intervalo de solidão que eu realmente olho para a minha vida e traço minhas metas pessoais. Em perspectiva, vejo que em alguma medida atingi todos os meus objetivos de transformação profissional definidos nesses intervalos de reflexão, ou retiros, como prefiro chamar.

Refletir sobre suas experiências profissionais consiste em procurar entender como se sentiu no momento em que elas aconteceram. Isso nos possibilita avaliar o nosso grau de satisfação com o trabalho, o quanto gostamos de fazer o que fazemos, nosso alinhamento de importâncias com os interesses corporativos e uma série de outros fatores que compõem as causas para contemplarmos uma possível mudança.

Ao realizar esse exercício com alguma frequência, você irá começar a perceber se existem padrões ou não de reação para as situações que encontra no trabalho. Suas chances de uma eventual transição ser bem-sucedida serão maiores se você avaliar bem suas emoções, crenças e comportamentos em relação à carreira atual.[50]

Para fazer uma rápida avaliação, responda a estas perguntas:

1. Pense numa situação que o incomoda e como você reage a ela. No passado isso despertaria a mesma reação que você tem hoje? O que mudou de lá para cá?

2. Sua ocupação ainda lhe oferece desafios suficientes para despertar o desejo de provar-se capaz de superá-los? Que tipos (de desafios) lhe interessam mais?

3. Você tem facilidade para se concentrar em suas tarefas durante o expediente? Se não, que tipo de assunto tira o seu foco no trabalho? Seus interesses fora do trabalho são mais motivadores do que sua própria carreira?

4. Você domina seu trabalho, mas, ainda assim, sua *performance* tem caído nos últimos tempos? Acredita que tem feito o melhor que pode?

5. Você se vê fazendo essa mesma atividade daqui a cinco ou dez anos? Sente prazer no que faz?

6. Suas expectativas em relação ao seu papel no trabalho estão desalinhadas com o que seu chefe, colegas e pares esperam de você? Qual papel você acha que tem nessa atividade?

7. Sente que seus interesses (objetivos e subjetivos) já não "casam" mais com a natureza da sua ati-

vidade? Quanto tempo mais você se vê fazendo o que faz hoje?

8. Nas interações com colegas mais jovens, há sinais de que sua idade o deixa deslocado dos demais? Você se sente obsoleto?

9. Sente que não está sendo ouvido ou respeitado por sua experiência? Percebe-se impotente para mudar essa realidade na sua carreira atual?

10. Analisando a sua trajetória de carreira até o momento, você se sente realizado pelo caminho que trilhou? Acha que tem um controle razoável sobre como sua carreira irá evoluir no futuro?

11. Seu trabalho lhe dá um senso de propósito na vida? Através do seu trabalho, você sente que pode expressar o que tem de melhor a oferecer para o mundo?

Se para a maioria das perguntas acima sua resposta foi negativa, existem grandes chances de você estar entrando na zona do desencantamento. Isso significa que não há apenas um descontentamento natural com sua carreira. Seu engajamento com o trabalho pode diminuir ainda mais como resultado de frustrações com o ambiente de trabalho, objetivos organizacionais e com a própria natureza da sua ocupação atual. Porém, atenção: alguns estudos mostram que esse processo dura em média três anos,[51] então, não é o primeiro sinal de desidentificação com seu trabalho, discordância com seu mentor e descontentamento com a empresa que irá dizer se você está mesmo se desencantando com a carreira. É preciso ter consciência dos sinais, refletir cuidadosamente sobre as suas experiências e até mesmo atentar ao que sua intuição lhe diz antes de tomar uma decisão. E se os sintomas persistirem... aí vale a pena começar a amadurecer a ideia de largar a ocupação ou, pelo menos, "brincar" com outras possibilidades de carreira.

GATILHO: QUAIS SÃO OS SEUS LIMITES DE TOLERÂNCIA?

O papel dos eventos-gatilho é o de provocar mudança. Eles não precisam ser necessariamente ruins, podem até mesmo ser agradáveis. Alguns anos atrás, um livro que escrevi foi premiado como a melhor obra do seu segmento. Esse evento disparou em mim o desejo de continuar escrevendo como uma profissão paralela. Coloquei *e-books* para vender na Amazon e até mesmo criei uma pequena editora que publicou alguns títulos de lá para cá. Um dos participantes do meu estudo relatou que seu gatilho para buscar uma carreira em gestão de projetos foi o encontro com um palestrante que serviu de *role model* e mentor para ele na universidade.

Os gatilhos são importantes porque detonam movimentos pessoais de exploração de novas possibilidades.[52] Gatilhos positivos ou inspiradores são muito comuns como fonte de energia extra para olhar ocupações que existem fora da carreira atual. Em outras palavras, eles nos movem a buscar um "plano B". No entanto, executivos de alto nível frequentemente estão presos psicologicamente às suas ocupações pelo que alguns chamam de "algemas de ouro",[53] compostas por *status*, dinheiro (*stock options*/bônus/previdência/benefícios), poder ou influência que o cargo oferece, além de prestígio/aceitação social e segurança. Em maior ou menor escala, o *trade-off* material e psicológico tem que valer a pena. Enquanto os eventos positivos nos incentivam a olhar para fora, os eventos-gatilho negativos servem como catalisadores poderosos da decisão de mudar de carreira. A decisão de abandonar o emprego tem a ver com ameaças a valores pessoais (sobre as quais já falamos nos capítulos anteriores). Saber o próprio limite de tolerância é fundamental nesse processo. Portanto, conheça a si mesmo: entenda as demandas do seu ofício, até onde você "tem estômago" para aceitar o que não lhe agrada e, principalmente, descubra se pode mesmo parar quando quiser. Eis algumas dicas importantes:

> *Conheça os limites da sua tolerância em relação a valores e comportamentos.*

O que você considera serem comportamentos dignos de reprovação? Chefes que ofendem subordinados, assédio moral, sexual, fraudes: o mundo corporativo oferece muitos exemplos em que saber os limites individuais de tolerância (moral, inclusive) influencia a decisão de ficar ou abandonar um trabalho. A partir da observação de relatos de terceiros, é importante refletir honesta e individualmente sobre os próprios limites. [Conheci uma executiva sênior de marketing que pediu demissão da empresa em que trabalhava após saber que o grupo estava envolvido em escândalos de corrupção revelados pela Polícia Federal. Imagino que essa executiva tenha perdido a vontade de atingir o topo da carreira naquela corporação. Além disso, permanecer vivendo dos ganhos dessa companhia seria uma contradição aos seus valores como cidadã, talvez por isso tenha deixado o cargo.]

> **Identifique comportamentos corporativos e premissas que ameaçam valores pessoais.**

Além de conhecer os próprios limites, o profissional precisa saber o que está acontecendo ao redor de si, no ambiente corporativo. O executivo precisa ser capaz de identificar fundamentos estratégicos ou premissas de processos decisórios incoerentes com os seus valores pessoais. Devemos procurar saber até que ponto abusos e improbidades (mesmo pequenas) são comportamentos maliciosos ou enganos honestos das empresas em que trabalhamos. Se você identificar alguma ameaça aos seus valores, avalie se isso é inerente ao setor, à carreira ou à corporação. Em muitos casos, apenas a troca de chefe ou de empresa podem imediatamente mudar esse cenário, aliviando-o do incômodo. Na minha experiência, quando chegamos ao ponto limite para abandonar a carreira é porque já tentamos mudanças menores anteriormente ou temos a crença de que uma troca de empregos não será suficiente.

> **Avalie sua situação financeira.**

Um dos melhores indicadores de autonomia financeira resume-se em entender quanto tempo sem trabalhar você viveria com o mesmo padrão de vida (ou com um padrão aceitável). Se esse tempo for suficiente para você encontrar outro emprego ou decidir fazer algo diferente, então está pronto para deixar o trabalho imediatamente. Essa avaliação lhe dará liberdade para saber se pode largar o emprego de pronto ou se ainda precisa dele. Quando nossos valores pessoais são ameaçados em situações-gatilho negativas, a emoção geralmente nos invade. Nesses casos é sempre bom esperar um dia ou dois antes de fazer qualquer coisa. Mas, se isso não for uma opção, um exercício simples de projetar a mesma situação em outra pessoa o ajudará a avaliar se está tomando uma boa decisão. Para isso, conte o que aconteceu para alguém e, em seguida, peça para essa pessoa recontar essa história para você como se ela fosse a protagonista do episódio, não poupando detalhes. Pense que conselho você daria ao seu amigo ou à sua amiga. Caso não haja ninguém para usar como "espelho", escreva um *e-mail* para si mesmo, contando tudo e pedindo conselho, leia-o depois em voz alta. Ouvir a ocorrência de outra perspectiva o ajudará a decidir. Você não precisa superar a emoção negativa antes de tomar uma decisão sem volta, mas deve saber o quanto ela influencia suas decisões para não se arrepender mais tarde.

AVALIAÇÃO: QUAL É O MELHOR MOMENTO PARA SAIR?

> *"O problema é que você acredita que tem tempo."*
>
> *(Shakyamuni Buddha – Sutras)*

Esta é uma decisão de peso. Uma vez executada a saída, voltar pode ser bem complicado, tanto psicologicamente (seria como aceitar uma derrota) quanto na prática, já que as empresas (e setores) estão se transformando muito rapidamente. Assim, antes de fazê-la é importante assegurar-se de que conseguiu o máximo de "aceleração" em direção a um recomeço bem-sucedido, a partir de sua carreira atual. Para analisar suas condições de parar, atente-se às boas práticas que reuni nas conversas com quem já fez o movimento:

a) Como mencionamos no tópico anterior, assegure-se de que irá sair da carreira antiga com uma condição financeira adequada para, no mínimo, passar alguns meses em busca de sua nova ocupação. É comum acharmos que podemos viver mais frugalmente na fase de transição. Porém, a experiência mostra que durante essa etapa a busca por uma nova ocupação irá demandar um esforço de *networking* maior, ou seja, mais gastos em almoços, jantares, cafezinhos e eventos. Além disso, na procura por uma nova carreira, tendemos a buscar novos conhecimentos ou certificações em escolas e entidades especializadas.

Tudo isso deve ser previsto, pois é necessário, da mesma maneira que viajar ou se descontrair um pouco também é fundamental para manter a mente saudável. E, se você pensa em ser empresário, investidor-anjo ou gerenciar seu próprio portfólio na bolsa de valores, vale a pena separar uma quantia para apostar em oportunidades promissoras e aprender com seus resultados positivos e negativos. Pense nisso como um investimento em você, na sua experiência, e não deixe de computar esses gastos na sua avaliação financeira pessoal.

b) Não se esqueça de checar a sua saúde; se tiver que fazer algum tratamento de longo prazo, é melhor considerar os gastos no seu planejamento. Veja se consegue adiantar ao máximo o tratamento enquanto ainda possui cobertura do seu plano de saúde atual.

c) Se você é um gestor de equipe, procure delegar o máximo possível as atividades cotidianas para poder gerar tempo para aprender novas habilidades e desenvolver *networking* necessários à sua transição.

d) Aproveite todas as facilidades que a empresa oferece no desligamento. Programa de Demissão Voluntária? Extensão do seguro-saúde? Sim, por que não? Se tiver a chance de realizar sessões de *coaching* como parte do pacote de demissão, não hesite em aceitar. Ajuda profissional é sempre bem-vinda nessas horas. Aja friamente, mas lembre-se dos seus limites de tolerância. Se você verificar que já deveria ter abandonado o barco é porque, provavelmente, poderia ter tomado essa decisão na hora em que a empresa cruzou a linha da sua tolerância. Continuar na carreira pode levá-lo a perder a noção dos seus próprios valores e identidade, o que pode ser uma causa de depressão e outros males.

e) Se for um executivo de uma grande empresa, alavanque ao máximo seu *networking* enquanto ainda possui o cartão de visitas com seu nome e cargo. Vá a eventos externos, converse com fornecedores, clientes, concorrentes, e não se esqueça de manter uma boa relação com seus colegas. Eu aprendi na minha primeira transição exatamente o quanto o nome da empresa, acima do nosso, pesa na hora de fazer uma prospecção. As portas não são tão abertas depois que você deixa sua carreira em uma empresa grande para se tornar um profissional autônomo ou um empresário, por exemplo. Por isso, se for possível, procure aproveitar a sua organização atual como plataforma de lançamento da sua nova carreira.

f) Não perca por *WO*. Se você vai deixar sua carreira para trás, assegure-se de que cobriu o básico necessário para, no pior cenário, recomeçá-la em outro lugar. Ou seja, se você tinha alguma lacuna de formação ou competência geral, como idiomas, pós-graduação etc., procure desenvolvê-la enquanto ainda está na carreira antiga. Como estabelece o ditado: "Nunca diga 'dessa água não beberei'". É importante manter-se preparado para solavancos, porque eles acontecem. Como relatei, quando montei minha empresa de consultoria, tive que trabalhar por quase dois anos, simultaneamente, em outra empresa, pois o negócio ainda não rendia o necessário. Isso não seria possível se eu não estivesse com o currículo "afiado" o suficiente.

g) É muito comum que uma parte das pessoas desista antes de concluir ou retarde suas transições em virtude de dúvida, ceticismo e conservadorismo de parentes próximos e amigos.[54] Isso vai minando a vontade de mudar, e você deve se preparar para críticas de pessoas próximas. Uma certa dose de afrouxamento de antigos laços de amizade e o desenvolvimento de novas relações com pessoas mais parecidas com o que você quer se tornar irão reforçar a confiança de todos. Converse com a sua família e prepare seus dependentes para momentos de austeridade nos gastos durante a transição. É importante que todos saibam que o esforço está sendo feito por uma boa causa. Deixe isso claro para eles, explicando por que você quer/tem que sair; como as coisas serão quando atingir suas metas; quais serão as etapas que acontecerão para chegar lá; e o que cada um pode fazer para ajudar dali para frente. Essa postura dissipa o desconhecimento sobre o futuro, reduzindo a ansiedade dos envolvidos.

h) Treine o desapego. Vale a pena experimentar apresentar-se para estranhos sem mencionar o que faz ou a empresa em que trabalha atualmente. Em vez de se apresentar como pertencente a uma organização (sou fulano de tal, da empresa tal), diga o que irá fazer (sou fulano de tal, eu faço isso ou aquilo). Reflita sobre como se sentiria se já fosse verdade. Não se deixe conduzir pelo orgulho. Se achar mais fácil, compartilhe essa ideia com um psicólogo ou *coach* da sua confiança (ainda que devesse ser uma atividade sigilosa, se for falar disso com o *coach* que a sua empresa está pagando, certifique-se de que sua política de sigilo cobre o que vai compartilhar em sessão).

i) Só converse com seu chefe sobre uma possível mudança se possuir absoluta confiança nele. Quando contei ao meu chefe na multinacional de bens de consumo em que trabalhava que iria sair, pois tinha montado uma empresa, ele achou ótimo e até me parabenizou. Mais tarde, acabou me contando que fui penalizado no meu bônus por ter dito a verdade semanas antes da distribuição entre os demais gestores do meu nível. Assim é a vida...

PLANEJAMENTO: QUAIS SÃO AS MINHAS METAS?

> *"Na melhor das hipóteses, as carreiras oferecem um sentido de significado e propósito na vida. Elas são uma forma de expressão do self".*
>
> **(Douglas Hall[55])**

Estabelecer metas de vida nos dá energia para deixar o que já não serve e partir para algo novo. Seja o que for: perder peso, passar mais tempo com a família, escrever um livro ou ser dono do próprio negócio, metas nos permitem visualizar o que podemos vir a ser, antes de sabermos como iremos fazer.

Metas nos permitem visualizar o que podemos vir a ser, antes de sabermos como iremos fazer

Metas de vida são diferentes das financeiras porque as primeiras incluem as demais. Por isso, é recomendado começar pelo mais importante: suas metas de vida, e então trabalhar o planejamento das atividades necessárias, até chegar à definição das metas financeiras apropriadas. Lembre-se: uma coisa é saber quanto dinheiro você precisa ter para viver, outra é saber quanto quer ganhar. Levando isso em consideração, procure definir suas metas a partir da reflexão sobre o que de verdade tem valor para você. Os exercícios a seguir irão ajudá-lo:

a) Pense em situações em que sentiu felicidade. Se for necessário, acesse fotos antigas, revisite seus arquivos de infância, visite sua cidade natal ou onde estudou. Consegue isolar a causa raiz desse sentimento? Reflita sobre isso para definir o que quer como resultado da sua carreira.

b) Tente visualizar um dia ideal[56] do começo ao fim: Com quem estaria? Aonde iria? Qual seria o ambiente? O que você faria? Então, avalie como se sentiria nesse dia.

c) Imagine como será sua vida daqui a dez anos. O que você gostaria de estar fazendo? Como você se sente realizando isso? O que essa atividade vai lhe trazer (materialmente) de bom? Para "tangibilizar" melhor seu futuro possível, tente montar um quadro com imagens de como seria esse momento. Nosso cérebro trabalha melhor com imagens do que com números ou palavras. Ao usar um recurso visual, como um quadro ou um *scrapbook*, você terá a chance de se projetar no futuro, isso trará mais certeza do que busca para si.

d) Recapitule suas metas antigas. Quais delas ainda estão inconclusas? Existe alguma que ainda vale a pena ser perseguida?

e) Exercício do Obituário:[57] apesar de ser um certo tabu, falar de morte pode trazer à tona verdades profundas. O que você gostaria que estivesse escrito no seu próprio obituário? É a pergunta usada por psicólogos organizacionais e *coaches* para induzir os respondentes a pensarem no que importa com mais clareza. Que metas deixou sem atingir? Que conquistas valeram a pena? Que contribuições fez em vida? Essas indagações podem ajudá-lo a definir prioridades para o futuro.

Suas metas precisam estar situadas num tempo específico no futuro. Delimite um período máximo para atingi-las. Metas nos ajudam a canalizar energia transformadora, mas não devem nos escravizar. Tão importante quanto as definir no tempo é programar revisões periódicas (semestralmente, por exemplo) para reavaliar sua viabilidade e sentido de existir.

> *Metas nos ajudam a canalizar energia transformadora, mas não devem nos escravizar*

A segunda parte dessa reflexão sobre metas de vida refere-se ao estabelecimento de metas financeiras factíveis. Comece avaliando seus sonhos do passado:

Você tem alguma meta financeira ainda não alcançada? Essa meta ainda merece ser perseguida?

Considere que suas necessidades são outras e que continuarão a mudar com o tempo. Atente para o estágio em que sua família estará daqui a alguns anos. Pense sobre como isso influenciará nessa meta. Você já terá se aposentado? Olhando em perspectiva em direção ao futuro, estabeleça prazos de revisão e checagem de viabilidade de atingir as metas financeiras que definiu.

Para aquelas mais ousadas, cabe a reflexão tripla: O que você está disposto a fazer a mais para alcançá-las? O que está propenso a abandonar para atingir essas metas? Em que precisa melhorar para aumentar as chances de ter sucesso?

Uma vez que você tenha concluído essas reflexões, escreva suas metas pessoais e financeiras, assine o documento e compartilhe com as pessoas mais importantes para você. Agora você está pronto para mudar!

O desafio sobre o qual falaremos a seguir será sobre como escolher bem sua nova carreira, uma que seja coerente com suas metas e seus valores pessoais.

8

ZONA DE TRANSIÇÃO: ESCOLHENDO A SUA NOVA CARREIRA

UMA AMOSTRA DO SUCESSO

Aos 12 anos, eu tive uma experiência que mudou minha concepção sobre o que eu queria ser quando crescesse. Até aquela idade, queria ser bombeiro ou trabalhar com meu pai... Foi quando houve uma eleição para o grêmio estudantil da escola em que eu estudava. Naquela época, era tradição que a chapa dos alunos mais populares sempre ganhasse as eleições anuais. O pleito era um grande evento, que mobilizava os alunos ao longo de um mês de campanha. Sozinho, de certa forma, levei a minha chapa à vitória esmagadora nas urnas. Minha turma era a dos garotos estudiosos da sexta série (*nerds*). Competíamos contra os favoritos, obviamente estudantes mais velhos e mais populares do que nós.

A estratégia foi desenhada por mim, e meus colegas a executaram muito bem. Miramos no maior eleitorado em número de alunos. Naquele ano, as turmas mais numerosas eram as da terceira série, os únicos estudantes que tinham direito a voto no período da tarde. Havia praticamente uma criança de terceira série para cada um dos demais alunos eleitores de quarta a oitava, que estudavam no período da manhã. Analisando o eleitorado, resolvi focar todas as nossas energias nesses garotinhos e garotinhas que ainda nos viam como um modelo "aspiracional" mais interessante do que os alunos de oitava – velhos (adolescentes) demais para se conectarem com eles.

O fato é que nossos concorrentes eram muito sociáveis, mas não ligavam a mínima para os pequenos eleitores que ainda estudavam no período vespertino, junto com os menores de até dez anos. Pegamos a escola de surpresa! No final, ganhamos a eleição com uma margem folgada. Essa experiência me fez acreditar que eu tinha jeito para alguma coisa. Meu pai explicou que isso era uma habilidade de marketing. Naquele momento, resolvi o que eu queria fazer quando crescesse.

Quando ingressei na Faculdade de Economia, Administração e Contabilidade da Universidade de São Paulo (FEA-USP), ainda era menor de idade. Meus testes vocacionais pré-vestibular apontavam para a área de biológicas, que me encantava como estudante. Desde criança, eu passava horas aos domingos lendo passagens da enciclopédia sobre botânica e animais exóticos. Na verdade, não sabia muito bem se queria fazer quando marquei o "x" em administração de empresas no ato da inscrição para o vestibular. Apenas cinco anos haviam se passado depois daquele evento eleitoral. Eu tinha muito medo de errar na escolha da carreira. Meu irmão mais velho, que à época estudava na Fundação Getulio Vargas (FGV), serviu como meu *role model*, e segui-lo não foi difícil.

As decisões que nos afetam por muito tempo sempre vêm acompanhadas por uma certa ansiedade. No fim das contas, escolhi mesmo a carreira que havia me dado uma amostra do sabor do sucesso, a administração era o que havia de mais perto do tipo de marketing estratégico que eu queria. No fundo, sei que optei por marketing porque sabia que ia dar certo nesse campo. Depois de formado, aos 21, fui estudar a disciplina nos Estados Unidos, e quando voltei segui por essa trilha por mais de duas décadas.

INSPIRAÇÃO, MOTIVAÇÃO, INFORMAÇÃO E DECISÃO DE CARREIRA

A escolha de uma carreira é um processo cheio de medos e riscos. Testes vocacionais ajudam a evitar grandes erros ou a justificar escolhas diferentes das que outras pessoas desejariam que você fizesse. Entretanto, não são tão confiáveis quanto a experiência prática de saber em que áreas você é competente. Isso é tão verdade aos 17 quanto aos 50 anos de idade. Nas seções que seguem, irei apresentar estratégias para escolha de possíveis carreiras, que resultarão (assim se espera) em quem você se tornará nos próximos 20

> •••••
> *A escolha de uma carreira é um processo cheio de medos e riscos*
> •••••

anos. Pelo horizonte de longo prazo e natureza de impacto que essa decisão envolve, resolvi separar as recomendações em momentos: inspiração, motivação, informação e decisão, explicando a jornada em quatro partes. Embora os momentos estejam em sequência, eles não necessariamente acontecem em uma ordem única. Decisões desse tipo podem acomodar interações que geram avanços e retrocessos até que uma conclusão seja atingida.

INSPIRAÇÃO: QUAIS OUTRAS POSSÍVEIS OCUPAÇÕES ME ATRAEM?

Para muitos profissionais, a chegada aos 50 anos apresenta a possibilidade de trocar o trabalho motivado pelo dinheiro ou necessidade por atividades profissionais estimuladas pelo prazer ou senso de realização pessoal. Uma nova configuração de vida, mais sabedoria nas escolhas e um pé de meia mais robusto permitem que as pessoas nessa condição coloquem a satisfação material em segundo plano. Existem, por exemplo, carreiras interessantes no terceiro setor, em instituições de ajuda humanitária ou mesmo em organizações sem fins lucrativos ligadas a cultura, educação, saúde etc. Atualmente, estão surgindo empresas do tipo *startups* sociais. São empresas com fins lucrativos, mas que atuam no desenvolvimento socioeconômico e cultural das comunidades em que estão inseridas. Os empreendedores sociais e seus colaboradores ganham dinheiro ao mesmo tempo em que "fazem a diferença" para outras pessoas. O desejo de deixar um legado positivo na sociedade é o principal motivador dos profissionais que optam por montar um empreendimento social ou trabalhar neles. Essa opção pode ser interessante para quem quer fazer o bem de forma financeiramente viável.

Seja curioso como uma criança

A busca por realização pessoal pode abrir diversos cursos de ação, inclusive a realização de sonhos de infância ou a singela opção por fazer algo que simplesmente dá prazer. Fazer o que se gosta é um dos ingredientes mais importantes na receita para atingir o máximo do nosso potencial. Um dos participantes da minha pesquisa, Roy, considerava seriamente trabalhar em um cinema próximo da sua casa, como atendente. "Eu sempre adorei cinema", disse ele, sem se importar com o impressionante rebaixamento de salário que teria em relação à antiga ocupação, como executivo de uma grande empresa americana. Roy estava apenas sendo curioso, havia muitas atividades que o atraíam e ele não queria descartar nenhuma, nem mesmo as mais inusitadas. Ele revisitou o seu passado, buscando encontrar momentos em que foi feliz. Ele descobriu que suas melhores lembranças estavam ligadas ao cinema.

> *Fazer o que se gosta é um dos ingredientes mais importantes na receita para atingir o máximo do nosso potencial*

É preciso ter apenas curiosidade, sem autojulgamento para se inspirar a respeito do que se quer fazer pelo resto da vida. Porém, mesmo com a atitude certa em relação ao novo, ainda precisamos de uma ajudinha. Referências reais nos fornecem a inspiração necessária para darmos o próximo passo em direção a experimentar algo novo.

Eis a receita: sem nenhum preconceito, faça uma lista das ocupações que o encantam ou que dominaram seus sonhos em outro momento da vida. Quais são as atividades em que você seria mais feliz? Que tipo de atividade costumava colocá-lo em um estado de concentração total, no qual a passagem do tempo nem era percebida? Provavelmente essas são atividades que você gosta de realizar. É possível conciliar essa atividade com algo que lhe dê uma sensação de missão, de criação de legado? Um dos meus entrevistados, Pedro, resolveu ser professor porque gostava de contar histórias e queria retribuir para a sociedade, transmitindo sua experiência aos mais jovens. Pedro soube conciliar as duas coisas ao escolher a carreira de professor universitário. Com esse pensamento em mente, procure verificar se existem pessoas que admira pelo histórico profissional nas áreas em que se sente atraído a trabalhar. O que essas pessoas fazem? Como elas trabalham? O que fizeram para chegar aonde estão? Use referências reais para visualizar-se em diversas ocupações. Em seguida, reflita sobre como se sentiria se tivesse a mesma rotina dos seus *role models* nos campos de atuação que o atraíram.

MOTIVAÇÃO: FAZENDO ESCOLHAS

> *"Uma das gratificações mais importantes da vida adulta é a habilidade de trabalhar bem."*
>
> *(Isabel Menzies Lyth)*[58]

Você deve concordar que saber o que não se quer já é um belo começo em direção à escolha da carreira certa. Conhecer o que não é coerente com nossas metas nos ajuda a evitar grandes catástrofes provenientes de motivações inconsistentes com as causas para sermos mais felizes no trabalho.

A linha que divide nossos anseios daquilo que rejeitamos nem sempre é clara. Há muita ambivalência e dúvida nas nossas motivações reais para aceitar ou recusar uma ocupação profissional. Uma de minhas *coachees* era uma gerente sênior de quarenta e poucos anos em busca de uma mudança de carreira. Ela queria fazer algo significativo com os anos que restavam da bem-sucedida vida profissional, mas não sabia por onde começar. Propus que analisássemos várias possibilidades do que poderia se tornar, sem julgamento de valores, nem preferências pessoais, apenas o que seria possível. Solicitei uma lista com 20 possibilidades. Dessa relação, retiramos imediatamente dez desdobramentos perfeitamente viáveis, mas indesejáveis para ela. Juntos, investigamos cada possibilidade rejeitada. Entre eles estava assumir a posição de diretora na empresa em que trabalhava. Ela temia que, ao subir na escada corporativa, perderia sua autenticidade ("essência", em suas palavras), pois se envolveria mais na "politicagem" do alto escalão do que na realização do trabalho em si. Além disso, a gestora sentia sua identidade ameaçada por não ter tido uma formação acadêmica "suficiente" (na visão dela) para ascender ainda mais na empresa, e tinha medo de que essa realidade fosse exposta uma vez que se tornasse diretora.

Ouvindo suas justificativas, acordamos que ela escrevesse uma lista com os seus valores fundamentais no trabalho e a relacionasse com o que ela queria obter na nova ocupação. O resultado nos surpreendeu. Os valores da executiva estavam ligados a autonomia, aplicação da sua criatividade, visão de longo prazo e poder de realização. Ela desejava extrair do trabalho a sensação do cumprimento de objetivos, novos desafios, queria expandir relacionamentos e aprender. Em resumo, basicamente o que a executiva buscava eram os requisitos de um papel de diretora. Uma de suas mais temidas possibilidades era, na verdade, altamente desejada, ela só estava olhando para os aspectos errados da atividade. O rompimento da autossabotagem à posição de diretoria aconteceu quando ela entendeu como ser uma diretora – participando politicamente das decisões da empresa – sem perder sua essência.

Depois desse exercício, enumeramos as demais alternativas de carreira de acordo a sua atratividade e chegamos a cinco opções. Dentre elas, elegemos duas por serem as mais factíveis no prazo que ela havia determinado. Uma das alternativas era buscar o nível de direção na sua área. Para dirimir a dúvida entre qual das duas possibilidades minha *coachee* escolheria, pedi que ela criasse a curta história. Seria um conto sobre a transição de um personagem fictício em direção a uma das duas opções de carreira que ela havia selecionado. Cada linha da história era baseada em uma das 16 imagens sorteadas aleatoriamente para criação do enredo. Gravei as duas versões e escutamos o resultado juntos. Ao ouvirmos a gravação, ficou nítido que a opção de tornar-se diretora na área em que ela já atuava era contada com muito mais empolgação do que a outra alternativa. Minha cliente concluiu que não precisaria mudar completamente de carreira – como inicialmente pensava – e que queria mesmo integrar a direção de outra empresa "com menos politicagem" interna.

CRITÉRIOS PARA DECISÃO DE CARREIRA

Ter consciência dos próprios valores e premissas é requisito fundamental para traçarmos os limites de nossa presença profissional (o que não faríamos), os campos de atuação excluídos e com que tipo de pessoas não trabalharíamos. A pesquisadora Herminia Ibarra define três níveis como critério para decisão de carreira. Sua "pirâmide" oferece uma receita eficaz para triar possíveis jornadas profissionais, separando mudanças mais superficiais (trocar de empresa, por exemplo) de decisões mais radicais, como mudar completamente de carreira.

No topo da pirâmide[59] está o que é mais perceptível para nós e para os outros, ou seja, o setor em que atuamos ou mesmo a área de concentração profissional. Esse nível contém os nossos conhecimentos acumulados, experiência e relacionamentos no setor. Logo abaixo, no meio da pirâmide, estão os nossos valores profissionais, nossas competências fundamentais, preferências e os fatores que nos motivam no trabalho. São independentes do setor ou da nossa área de atuação. Esses são valores constantes e, normalmente, negamos a possibilidade de abrirmos mão deles. Segundo Ibarra, na base da pirâmide estão nossas premissas básicas sobre o que podemos e desejamos nas nossas vidas e no mundo. Elas contêm ideias preconcebidas que carregamos desde muito cedo e que pautam nossos comportamentos e decisões, muitas vezes inconscientemente. Estão inclusas nesse nível nossas relações emocionais com instituições, nossos *benchmarks* de sucesso e ideias que mantemos sobre o que é viável para nós mesmos na carreira. No caso da minha *coachee*, citada anteriormente, sua premissa subjacente era a de que, ao tornar-se diretora, teria que abrir mão de quem era, uma realizadora, para ocupar-se apenas com a esfera política de sua atuação corporativa. Essa ideia distorcida a fazia rejeitar a noção de subir ainda mais na empresa, o que a levou a procurar mudar de carreira mesmo amando o que fazia.

Nível 1
Área de atuação, indústria e setor

Nível 2
Competências, motivações e valores

Nível 3
Premissas básicas, mas implícitas, sobre o que é desejável e possível em nossas vidas e no mundo

Figura 8.1 Três níveis como critério para decisão de carreira.
Fonte: Herminia Ibarra, *Working Identity*, 2003, p. 82. Traduzido e adaptado pelo autor.

INFORMAÇÃO: COMO SABER EM QUAIS ÁREAS EU ME DARIA MELHOR?

Escolha carreiras em que sabe que será competente

Como na história que eu compartilhei sobre o empresário do setor da moda que se tornou decorador após vender sua empresa, procure avaliar quais são as suas habilidades, ou conjunto delas, mais bem desenvolvidas na sua carreira inicial e observe em quais outras carreiras essa mesma capacidade de realização é crucial para o sucesso. É muito importante que você escolha uma carreira em que poderá aprender rapidamente o que é necessário para ter sucesso. Sentir-se competente na sua escolha é um componente sig-

> •••••
> É muito importante que você escolha uma carreira em que poderá aprender rapidamente o que é necessário para ter sucesso
> •••••

nificativo para permanecer nela dos 50 anos em diante.

Imagine que você está andando de bicicleta e precisa completar 10 km. Você escolhe um trajeto e sai pedalando. Se o trajeto for uma grande descida, quem pode ser responsabilizado pela tarefa cumprida? Foi a sua habilidade e esforço como ciclista ou a lei da gravidade? Certamente ambos, mas em que proporção? Para fazer uma análise correta das suas experiências passadas, procure avaliar em que medida sua eficácia em situações anteriores foi resultado de fatores externos (como a sorte, por exemplo) ou de competências pessoais que você desenvolveu. Seja honesto, identifique as suas melhores habilidades a partir das situações em que elas foram responsáveis pelo seu sucesso.

A capacidade de aprender uma nova habilidade

Recentemente, meu pai voltou de uma viagem sentindo a necessidade de comunicar-se em inglês. Ciente de suas dificuldades com o idioma estrangeiro desde os tempos do colégio interno nos anos 1950, ele avaliou sua capacidade ao aprender outras habilidades, como computação, para entender se tinha chances com o novo idioma. Um artigo de uma revista renomada que afirmava ser possível aprender em qualquer idade deu ainda mais impulso à sua vontade.

A disposição em aprender inglês, motivada pela necessidade de comunicar-se fora do país, o fez abrir a mente para a possibilidade de falar um novo idioma aos 71 anos. De acordo com Douglas Hall, ao lidar com a necessidade de desenvolver competências diferentes, o profissional deve avaliar sua habilidade de continuar aprendendo "sem se preocupar com o domínio de competências específicas" ou com o conteúdo necessário para fazer a transição e ter boa *performance*.[60] Para esse acadêmico, ser capaz de aprender, e estar aberto para isso, é tão importante para o sucesso quanto dominar uma habilidade específica.

Dicas para não errar

Em meus estudos, conheci pessoas que rejeitaram algumas possíveis carreiras, pois, mesmo parecendo que estas faziam sentido para os outros, para elas eram ocupações intragáveis. Para não desistir de uma segunda carreira e ter que recomeçar depois de investir dinheiro e tempo nela, busque uma alternativa que seja sustentável no longo prazo. A seguir, apresento algumas dicas básicas *do que evitar*:

　　a)　Mantenha-se longe de trabalhos que você considera entediantes. Como explicou George ao rejeitar uma carreira de pesquisador para tornar-se professor/instrutor apenas em sala de aula: "Eu pensei [...] ser pesquisador é tão maçante [...] eu não quero ser um daqueles pesquisadores chatos [...]".

b) Procure um trabalho que permita que você expresse quem realmente é. Evite ocupações que o obriguem a usar uma *persona* (máscara) o tempo todo ou que demandem sua participação em "politicagens" além da sua tolerância máxima. Embora algumas pessoas gostem da política como meio para atingir metas pessoais, a maioria não deseja ter que usar esse instrumento todos os dias e prefere ser mais autêntica dos 50 anos em diante.

c) Procure fazer algo prazeroso. Não se preocupe com o novo conteúdo necessário ao trabalho, você pode aprendê-lo mais rapidamente se gostar do que faz.

d) Busque uma atividade que lhe permita balancear o tempo com a família e amigos, além de permitir que você cuide da sua saúde com a disciplina necessária.

e) E, por falar em saúde, evite trabalhos fisicamente desgastantes: eles serão cada vez mais desafiadores no futuro.

f) Finalmente, procure reduzir as "dores de cabeça" relacionadas a ter funcionários demais ou sócios problemáticos – é bom começar uma nova carreira com uma operação mais simples e aumentar a complexidade com o tempo. Mas, se não for possível, aprenda a delegar plenamente e escolha bem seus sócios.

DECISÃO: INSTRUMENTOS PARA ELEGER A NOVA CARREIRA

"Quando eu tenho que decidir entre dois males, eu prefiro pegar aquele que ainda não experimentei."

Mae West (extraído de Hall[61])

Transição com atividade paralela

A preocupação com o futuro é parte da vida da maioria dos profissionais de hoje. A falência dos sistemas de pensão e aposentadoria assusta as pessoas, que não sabem quando e se vão conseguir parar de trabalhar enquanto ainda têm saúde. Antes mesmo de pensar em mudar de carreira, muitos trabalhadores começam a se preparar considerando buscar algum tipo de trabalho como complemento à renda da aposentadoria. A literatura acadêmica chama esse tipo de trabalho de "empregos-ponte".[62] De certa forma, toda carreira-bônus é também um emprego-ponte, porque une a antiga carreira ao momento de se desengajar de vez.

Nessa categoria de trabalho (depois da carreira principal e antes da aposentadoria definitiva), a carreira mais almejada por executivos é a de professor universitário.[63] Em minha própria experiência como *coach* e professor, já recebi vários executivos *C-level** que me perguntaram o caminho

---

* *C-level* é o termo em inglês para executivos de alto escalão, como um CEO (Chief Executive Officer), por exemplo, ou que respondem diretamente para o(a) CEO de uma organização. No Brasil, os executivos *C-level* são normalmente chamados de vice-presidentes executivos e

para dar aulas. Alguns já se preveniram fazendo mestrado com vistas a uma pós-carreira na academia.

A atitude de contemplar a carreira acadêmica depois da executiva indica o momento em que os profissionais mais experientes tomam consciência de que existem outras carreiras possíveis depois da corporativa.

A contemplação de outras possíveis atividades pós-carreira pode acontecer também quando profissionais descobrem fontes paralelas de renda. Em algum momento da vida, mesmo quando tudo vai bem financeiramente (devo dizer, especialmente quando as pessoas ganham muito dinheiro no trabalho), surge o prospecto de uma segunda atividade, cuja finalidade é manter os rendimentos, perpetuando o padrão de vida. O antigo galã da TV que já não aparece muito, mas vive de suas fazendas de gado, é um exemplo desse pensamento. Também é recorrente a figura do executivo que constrói um portfólio de investimentos, vislumbrando a possibilidade de dedicar-se apenas à gestão de sua carteira quando os rendimentos corporativos cessarem.

Sabe-se que uma transição radical de carreira de sucesso envolve o desenvolvimento de novas competências, que podem ser sintetizadas em três grupos: *know-how* (saber como faz), *know-why* (saber o propósito, o porquê) e *know-whom* (saber com quem se relacionar) na nova carreira.[64] Ao iniciar uma atividade paralela, o profissional de-

---

podem responder legalmente como diretores estatutários nas empresas em que atuam.

senvolve pelo menos duas das competências fundamentais para a futura carreira: a obtenção de novos conhecimentos e a geração de contatos (*networking*) em outro campo de atuação. Essa expansão cognitiva é altamente recomendável, pois permite ao indivíduo familiarizar-se com outra possível área de trabalho e compreender como ela funciona, reduzindo as chances de enganos e a ansiedade inerentes ao desconhecimento sobre a transição.

VOLTA AOS BANCOS ESCOLARES

Se não conseguir testar na prática uma nova carreira, estudar permitirá que você se familiarize com o novo campo de atuação, desenvolva contatos na área e, eventualmente, tenha mais clareza sobre o que significa estar no ramo. Porém, antes de se comprometer com programas de longa duração e investimentos altos, frequente eventos curtos, em que o foco é fazer *networking*, visite empresas e, se possível, tente acompanhar o dia de trabalho de alguém do ramo para entender melhor a dinâmica da profissão.

> *"Caminhante, não há caminho, se faz o caminho ao andar."*
>
> **(poesia de Antonio Machado)**

PERÍODO SABÁTICO COMO INSTRUMENTO DE AUTOCONHECIMENTO

Um período sabático pode ser usado como um instrumento para reflexão, mesmo que forçado por uma demissão inusitada. O momento entre ocupações é ideal para testar potenciais pessoais na prática e avaliar a atratividade de novos possíveis trabalhos. Da mesma maneira, a busca de um sabático voluntário é uma oportunidade para reflexão e transformação. Em razão da pressão pela qual passamos no dia a dia e da velocidade das mudanças no ambiente de trabalho, cada vez mais cedo nos deparamos com o que se costumava chamar de "crise da meia-idade". Nesse momento, nos damos conta de que ainda restam muitos anos de trabalho e nos pegamos pensando se a ocupação atual é a que queremos para as próximas décadas.

Estudiosos de vários países, inclusive do Brasil,[65] apontam para uma antecipação de, pelo menos, cinco anos na crise da meia-idade. Nos dias atuais, ela tem começado antes mesmo dos 35 e vem se caracterizando pelo conflito de valores entre o profissional e a empresa, ou pela ambivalência nas decisões profissionais para as quais o investimento anterior de tempo e esforço torna a mudança penosa. Ou seja, a crise surge da dúvida. É claro que muitos altos executivos preferem a ação à reflexão, como aponta o professor Manfred Kets de Vries, do INSEAD, em seu livro *Sex, Money, Happiness and Death. The Quest for Authenticity*. Esses profissionais acabam se defrontando com seus conflitos internos muito mais tarde na vida, quando se aproximam da aposentadoria.

Se você realmente pensa em tirar um período sabático para rever a vida, então existem quatro pontos que deveria levar em consideração para aumentar as chances de conseguir o máximo proveito dessa fase. São eles:

1. É estressante dissociar-se de sua antiga identidade profissional/pessoal (você não vai conseguir relaxar no início). O mais importante nesse momento é experimentar novas atividades, "brincar de ser" o que quiser.

2. Você não precisa de muito planejamento, só os recursos suficientes para passar o período. Isso é importante para não se ver em uma situação em que precise voltar correndo para o trabalho depois de dois meses "parado".

3. Você não precisa de um sabático muito longo para chegar às conclusões que busca, mas esse período precisa ser maior do que férias. Então, considere 60 dias a um ano para seus "experimentos".

4. Nós adoramos a nossa identidade idealizada do que poderíamos vir a ser. Normalmente não queremos abandoná-la, pois trata-se de uma utopia, um sonho que tivemos há muito tempo. No entanto, é necessário avançar. Essa transformação pode ser inicialmente desorientadora para a maioria das pessoas. É comum nos sentirmos perdidos, pois estamos familiarizados com os sonhos do nosso antigo "eu" e ainda não nos tornamos o nosso novo *self*. A transição que resulta da nossa reflexão nos levará para um caminho possivelmente desconhecido e misterioso, aceite-o.

Um sabático pode funcionar como uma espécie de zona de descompressão, um espaço de transição, que precede o renascimento da nova identidade. Uma vez decidido, saiba aproveitar esse período ao máximo. Lembre-se de que:

> **Variar experiências é fundamental.**

Você é um conjunto de experiências e competências, não apenas o que você faz

Quando temos tempo, podemos experimentar novas atividades profissionais. É comum fazer de um *hobby*, ou um trabalho voluntário, nossa ocupação principal. Isso nos ajuda a testar novos papéis. Por exemplo, se você sempre quis fazer um curso de culinária e nunca teve tempo, inclua-o no período sabático. Aproveite para tentar trabalhar num restaurante. Pode ser em Milão ou em São Paulo, onde quiser, mas aprenda com a experiência. Não importa se você foi um diretor de um grande banco na carreira passada, você não é o seu trabalho. Parece tolo, mas você é um conjunto de experiências e competências, não apenas o que você faz. Ao testar novas possibilidades, você se tornará alguém maior do que era antes, poderá se reinventar. Mesmo que volte a fazer o que já fazia, essa experiência o transformará para sempre. E poderá até ser útil quando se aposentar ou em sua pós-carreira, dos 55 aos 75 anos.

> **Você não deve exagerar no planejamento.**

Não perca tempo fazendo uma lista do que pode e do que não pode fazer. Simplesmente comece com o que tem. Estude novos campos de conhecimento, faça novos contatos, viaje. Mas atenção: viajar apenas para fugir da angústia não é muito útil no processo e custará caro. Você pode usar as férias para fazer o Caminho de Santiago (fenomenal!), mas não desperdice tempo e dinheiro apenas viajando no seu sabático se o seu objetivo for mudar de vida.

Se você tirou um sabático e sente que precisa de tempo para esquecer o emprego anterior, ou afastar-se do passado, considere a viagem o início de um processo de mudança, como suas merecidas férias. Mas, acima de tudo, não esqueça que a viagem é só uma parte da jornada.

Um sabático bem vivido cria um "curto-circuito" na identidade, porque o tira do papel que está acostumado a viver. Quando estudei no exterior conheci entre os alunos internacionais um sisudo CFO da Suíça. Depois de um mês fora do trabalho, ele já estava bem mais brincalhão e juvenil do que no início. Esse processo de desapego o tornará mais criativo e flexível para enfrentar o mundo quando voltar.

> **A melhor hora de começar a mudar (evoluir) é agora.**

Use suas pequenas pausas para novas vivências. Vale a pena explorar bem os *short fridays*, feriados, férias e licenças como período de testes, antes de tirar um sabático mais longo. Não tenha preguiça, nem medo de se expor. A mudança em direção a uma vida mais autêntica e cheia de significado exige coragem e esforço pessoal. Afinal, o primeiro passo em direção a sua nova carreira só você poderá dar.

COMPROMETIMENTO COM A NOVA CARREIRA

Testar um novo campo de atuação é um gesto necessário para conhecermos as nossas reações às situações e podermos refletir sobre elas para tomar decisões mais bem informadas. No entanto, o excesso de experimentação e a ausência de compromisso com um determinado curso de ação podem nos arremessar num "limbo" profissional, uma transição sem fim, nem finalidade. É necessário ter uma certa capacidade crítica para poder escolher uma carreira nova, sob risco de aceitar a primeira opção que se apresenta. Mas ter muito disso leva a pessoa a não permanecer em nenhuma carreira. Herminia Ibarra exemplifica esse comportamento com a figura do "eterno estudante" que nunca define o que vai se tornar. Conheço alguns profissionais que depois de saírem de suas carreiras estruturadas em grandes empresas se tornaram "empreendedores em série". Isso seria até desejável, mas estes em particular nunca se estabelecem, estão sempre tentando viabilizar um novo projeto, em uma nova frente de trabalho. Pessoalmente, creio que devemos

> *Não há trabalho perfeito nem há mal em fracassar tentando*

estabelecer uma meta de tempo, ou um limite de tentativas, antes mesmo de iniciarmos os experimentos de carreira. Não há trabalho perfeito nem há mal em fracassar tentando. Durante o período de testes, certamente teremos algumas frustrações. Como qualquer casamento, comprometer-se com uma carreira significa abraçar tudo o que ela traz de bom e de ruim, pelo menos por algum tempo. Devemos estar cientes disso e "não tropeçar em formigas", como diz o ditado, no caminho para o sucesso na carreira-bônus que escolhermos.

Seja proativo, avalie cada oportunidade que aparecer, mas vá atrás daquelas que ainda não surgiram e crie a chance de experimentá-las. Elabore sua nova carreira e não se contente apenas com o que hoje chega até você. Construa relacionamentos novos, escreva e dissemine suas ideias, angarie aliados e execute seu plano. Mesmo que, no passado, as ofertas de trabalho sempre tenham sido oferecidas a você "em uma bandeja" para que as escolhesse, não espere que, apenas porque uma oportunidade não lhe foi apresentada, ela não exista aí para ser capturada.

COMPARTILHE SUA NARRATIVA E SINTA A REAÇÃO

Ao narrar a sua trajetória profissional e escolha de carreira, você estará simultaneamente convencendo os outros sobre sua opção e se tornando mais convicto.

Temos a habilidade nata de conectar os pontos, justificando (e racionalizando) nossas escolhas em retrospectiva. Esse processo de construção de sentido auxilia na obtenção de apoio de pessoas importantes para a transição ser levada a cabo com êxito. Ao colocar uma estrutura de significado ao que fizemos ganhamos confiança nas nossas decisões passadas e sentido para as futuras. O compromisso com essa lógica pessoal nos mantém conectados com um senso unificado de propósito e direção. No final, quanto mais exercitamos narrar nossas escolhas de maneiras diferentes para pessoas distintas, mais nos convenceremos sobre qual é a melhor alternativa. Um bom exercício de narrativa é escrever a carta de apresentação que tradicionalmente vai junto com o nosso currículo. Ao escrevê-la, somos forçados a conectar partes avulsas da nossa carreira e justificar nossas decisões. Experimente mostrar para outras pessoas cartas com finais diferentes. Então, pergunte qual foi mais convincente. Isso lhe dará uma boa ideia do que parece fazer mais sentido para você.

Finalmente, verifique qual carreira lhe trará mais próximo do seu propósito de vida. Não deixe de avaliar o impacto de cada uma no seu equilíbrio família-trabalho, na sua renda, nos seus relacionamentos, no seu senso de competência para superar desafios, na possibilidade de aprender e conhecer gente nova e na construção do seu legado profissional.

IDEIAS DE OCUPAÇÃO PARA OS MAIS EXPERIENTES

Uma das vantagens de ter mais experiência que os demais é que você pode fazer do seu conhecimento um ativo ou uma mercadoria. Para comercializar conhecimento, basta saber empacotá-lo de maneira vendável. Além do conhecimento, os profissionais mais velhos têm bom *networking* e graça para superar situações de estresse emocional – isso é um ativo.

Consultoria, treinamento/palestras, mentoria/*coaching* e aconselhamento são "embalagens" viáveis para monetizar essas competências. Mas é preciso conhecer e dominar a linguagem corrente do segmento, os principais *templates* e os *softwares* (como os de criação de apresentações) usados para comunicar-se com o mercado. Apenas dizer ao cliente o que ele deve fazer (conteúdo), sem cumprir os requisitos (de forma e método de apresentação) que mencionei, pode resultar em fiasco.

Hoje em dia há muito espaço para usar o conhecimento de um setor como ativo para atuar como conselheiro e até acabar conquistando participação acionária em *startups*. As de tecnologia, por exemplo,

> •••••
> *Uma das vantagens de ter mais experiência que os demais é que você pode fazer do seu conhecimento um ativo ou uma mercadoria*
> •••••

raramente têm domínio do setor de negócios em que estão começando e precisam de contatos e experiência.

Se você não apenas vender conselhos, a opção de montar um negócio próprio pode ser uma boa alternativa para fazer o que deseja, do jeito que gosta. Mas, atenção, como já foi exposto, quanto mais longe do seu segmento de atuação original, menos valor têm os seus conhecimentos e mais importantes são suas competências e a capacidade de aprender.

Para aprender, é importante estar verdadeiramente aberto a receber novos conhecimentos, sabendo principalmente como ouvir os mais experientes (mesmo que sejam mais novos que você), para conseguir atuar em um novo setor. Evite fazer analogias demasiadas das novas experiências com as suas antigas passagens profissionais para não contaminá-las, prejudicando o novo aprendizado. E, principalmente, coloque sua atenção plena em todos os aspectos da nova ocupação. Uma fala ou jeito de se vestir muito formal, por exemplo, parecem inofensivos, mas podem arruinar suas chances de conectar-se com potenciais clientes ou investidores de determinados setores. Portanto, preste atenção especial nos detalhes do seu novo trabalho, incorporando-os.

9

O RECOMEÇO EM UMA NOVA CARREIRA

INTEGRAÇÃO: CRITÉRIOS DE EFICÁCIA E CRIAÇÃO DE SENTIDO

Suas decisões o levaram a trocar de carreira, escolhendo algo totalmente novo. As pessoas podem lhe perguntar: como você está indo na nova profissão? E você não tem certeza sobre como responder. Afinal, você pode estar até fazendo menos dinheiro do que antes, mas sente que sua autoestima aumentou. Você está adquirindo conhecimentos, sente-se respeitado pelo seu trabalho e está criando novas relações. Enfim, está satisfeito com a decisão que tomou, mas os resultados dessa decisão ainda não são visíveis para quem está "do lado de fora".

Antes de falarmos sobre como explicar esse sentimento para as pessoas que o cercam, vamos entender se você está obtendo o sucesso esperado na nova carreira... Um modelo bem difundido para medir se estamos sendo eficazes é o de Douglas Hall.[66] Segundo ele, para medir nosso sucesso podemos usar qualquer um de quatro critérios, sendo que o mais objetivo é observar apenas os aspectos exteriores da

> *Uma boa autoavaliação subjetiva é manifestada pelo orgulho próprio derivado de termos feito o melhor possível para atingir um objetivo de carreira*

sua *performance*: símbolos de sucesso, dinheiro, projeção pessoal, avaliações formais de superiores etc.

Outro importante critério, especialmente para profissionais em transição para carreiras-bônus, é o sucesso subjetivo no trabalho, ou seja, a forma como o indivíduo se percebe na carreira. Uma boa autoavaliação subjetiva é manifestada pelo orgulho próprio derivado de termos feito o melhor possível para atingir um objetivo de carreira. Pequenas vitórias, quando notadas e celebradas, vão criando uma "espiral positiva", na qual sucesso gera sucesso.[67] Nesse ciclo virtuoso, o sucesso psicológico é alimentado pelo aumento da autoconfiança a partir de vitórias individuais do profissional, que então busca metas cada vez mais ousadas, num processo de retroalimentação da identidade desejada.

O terceiro critério é a empregabilidade ou versatilidade (no caso dos empreendedores). O mercado é um excelente juiz para determinar o sucesso de um profissional em sua carreira. Aqueles com alta eficácia têm maior mobilidade no mercado de trabalho.

Finalmente, segundo Hall, o quarto critério de avaliação da efetividade de alguém em sua carreira é o sentido de identidade do próprio indivíduo. Este engloba a noção de valores, habilidades, interesses e metas pessoais. À medida que a pessoa deixa de sentir-se fragmentada entre trabalho e vida pessoal, ou seja, dividida por algum conflito interno, ela extrai da carreira um senso de integridade de quem é. Essa noção permite a construção de sentido de continuidade entre o presente, o passado e o futuro.

Agora, pare um pouco para refletir sobre seu sucesso material na nova carreira. Procure relembrar as pequenas vitórias, os aprendizados, os resultados concretos, verifique se está se sentindo dividido internamente pela nova ocupação. Da próxima vez que alguém lhe perguntar como você está indo na nova profissão, lembre-se dos quatro critérios que mencionei e conte suas vitórias, sua percepção de si, como está se adaptando e, principalmente, como você se sente na nova ocupação.

DESENVOLVIMENTO: ACELERANDO A CURVA DE APRENDIZADO

No estágio da vida em que você se encontra, certamente não precisa de "dez mil horas" para ser eficaz na sua nova escolha. Se você escolheu uma carreira-bônus que depende das suas habilidades e competências preexistentes, basta aprender o conteúdo das tarefas e desenvolver relacionamentos adequados para chegar rapidamente ao auge de sua *performance*.

> *Haverá frustrações e enganos no caminho, mas não deixe que esses obstáculos o atrapalhem para chegar ao seu objetivo*

Com certeza, haverá frustrações e enganos no caminho, mas não deixe que esses obstáculos o atrapalhem para chegar ao seu objetivo. Ao contrário, erros são oportunidades de aprendizado. E para acelerar a velocidade do seu aprendizado é necessário cometer erros mais rápido. A ideia popular em *design thinking* de "errar rápido" (*fail fast*), em vez de arriscar uma longa preparação com possível fracasso, nos oferece uma boa noção de como agilizar o aprendizado: temos que nos colocar à prova em pequenos testes, com mais frequência.

Ao experimentarmos mais situações-piloto, "prototipamos" soluções – que, posteriormente, podem ser usadas em maior escala –, aprendendo com erros que causam baixo impacto. Uma pequena vitória nesse contexto é uma oportunidade de alimentar a autoestima e elevar a barra; já uma derrota minúscula representa uma oportunidade de nos ajustar para tentar outra solução.

É possível agilizar ainda mais o desenvolvimento em uma nova ocupação ao observar o comportamento de outras pessoas e verificar seus resultados com atenção. Essa estratégia economiza esforços e pode servir para potencializar o processo de adaptação junto ao estudo e às experiências vividas na nova ocupação. Acompanhar um profissional da nova área em atuação por um dia irá dar muitos *insights* sobre como você mesmo pode atuar melhor no seu novo cotidiano. Trabalhar como voluntário, ou até mesmo voltar a ser um estagiário apenas para observar e entender as regras do jogo, pode cortar muito tempo do seu período de adaptação.

RISCOS: EVITE DESGASTES DESNECESSÁRIOS

Meus estudos mostraram que a família é uma fonte importante de apoio em transições para carreiras-bônus. Sua relevância cresce naturalmente à medida que atingimos estágios de vida mais tardios e nossas prioridades vão mudando. Um dos participantes da minha pesquisa já estava vivendo a quarta união – ele mesmo se dizia "difícil" no convívio –, porém, buscava muito de sua energia para inovar na relação que tinha com seus filhos. É necessário resiliência para enfrentar um novo começo de carreira, mas você pode evitar conflitos que o coloquem em uma encruzilhada entre seus entes queridos e seus sonhos. Portanto, meu intuito nesta seção é prevenir desgaste junto àqueles de quem espera obter apoio em sua nova jornada.

Ao recomeçar é preciso contar com a possibilidade de ganhar menos dinheiro, ter menos *status* e ser questionado todo o tempo por familiares e amigos sobre os benefícios racionais e riscos da sua decisão. Todo recomeço de carreira parte de um lugar que não é o mesmo ponto que você deixou para trás. Para lidar com tantas objeções, o profissional

> •••••
> *Todo recomeço de carreira parte de um lugar que não é o mesmo ponto que você deixou para trás*
> •••••

precisa se sentir seguro e não esperar apoio incondicional dos familiares e amigos. Em tempo ele surgirá, cerque-se de pessoas que o apoiam e seja paciente.

Também é muito comum haver um certo estranhamento entre marido e mulher quando um dos cônjuges resolve trabalhar em casa pela primeira vez depois de décadas em outra rotina. Mudanças não são sempre bem-vindas, pois exigem adaptação e novas concessões por parte dos parentes próximos. Alugar um espaço num *coworking* ou ocupar um cantinho no escritório de um amigo por alguns meses pode resultar em bom movimento para quem busca uma pós-carreira solo.

Evitar sócios "complicados", como parentes e amigos sem experiência de negócios, foi um conselho de alguns dos empresários que entrevistei em minha pesquisa. A dificuldade de dissociar emoções parece ser um fator que atrapalha relações societárias com pessoas muito próximas. No caso de parentes, é inevitável que os assuntos da empresa venham à tona nas reuniões de família. Naturalmente, as pessoas tomarão partido, provocando controvérsia. Pelo menos no início da nova empreitada, é bom fugir desse tipo de situação.

Finalmente, procure não gastar mais do que ganha para trabalhar. Quando se elege a opção por ser um prestador de serviços (corretor de imóveis, por exemplo), é comum ter que arcar com as despesas relacionadas às atividades por um bom tempo. É preciso ter cuidado para não acabar ficando no vermelho além do planejado, pois isso irá diminuir as suas chances de manter o apoio daqueles que dependem de você ou que o suportam.

ALAVANCAS: USE O DIFERENCIAL DA EXPERIÊNCIA PARA PROSPERAR

As transições de carreira de meia-idade, entre 30 e 40 anos, são diferentes daquelas que acontecem depois dos 50 anos (carreiras-bônus). Tendo eu mesmo vivido uma grande transição de executivo para empreendedor aos 30 anos, percebo que, apesar de o ímpeto que demonstrava para criar o novo negócio ser enorme, faltava competência para lidar com questões emocionalmente delicadas, e isso custou caro para minha empresa. Como mencionei, sempre me esquivei de ter sócios de igual peso e perdi a oportunidade de trazer fortes investidores para minha empresa, tudo por não ter a inteligência emocional necessária para administrar os efeitos colaterais que eu sabia que viriam com essas medidas.

Até os dias de hoje, quando não quero me desgastar emocionalmente, eu recorro a profissionais bem mais velhos do que eu para resolver relações difíceis com clientes. Vejo que a maturidade tem suas vantagens. À medida que surgem os cabelos brancos, também desenvolvemos a habilidade de lidar com questões emocionais com mais elegância. E isso remove barreiras entre as pessoas.[68] Essa característica não é única dos profissionais mais velhos, há muitos jovens bem equilibrados e perspicazes. Entretanto, esse traço adicionado pelos anos vividos à personalidade pode ajudá-lo a prosperar em sua nova carreira se você tiver empatia para com os mais jovens. Não é necessário tentar mimetizar o comportamento deles, tampouco reproduzir seus jargões, mas entender como se sentem diante de situações que você já viveu e estar aberto para ajudá-los nos termos deles. Muitos profissionais mais velhos reclamam da "juniorização" das empresas, da imaturidade dos seus interlocutores e do despreparo "dessa geração que está aí". Ora, isso sempre aconteceu. É preciso silenciar um pouco as críticas e entender os jovens no contexto em que eles foram criados, não a partir da sua visão de mundo, mas da deles. Certamente, ao recomeçar em uma nova carreira, os jovens serão seus clientes, pares e até chefes. Então, use sua inteligência emocional para criar relações que acelerem o seu sucesso na nova carreira, encontrando oportunidades de colocar suas habilidades valiosas a serviço de quem ainda não as desenvolveu.

10

A CRIAÇÃO DE UM LEGADO PROFISSIONAL

ENVELHECER PRODUTIVAMENTE

Para entender o conceito de "envelhecer produtivamente", é importante levar em consideração que nossa identidade, nosso *self*, é composta também pela identidade profissional, ou *working identity*. Ou seja, o seu trabalho é parte de quem você é. Ainda não foi criado um jeito de não envelhecer, mas pode-se diminuir a sensação de decadência que vem com o passar dos anos, ao se evitar a perda do lado profissional que a compõe. Muitas pessoas se mantêm na ativa com essa intenção, escolhendo envelhecer produtivamente em vez de encerrar a vida laboral. Essa decisão reflete um conjunto básico de crenças que existe antes mesmo que a decisão consciente seja expressa em palavras.

Convido-o a pensar: como você se sentiria ao ser apresentado como aposentado para alguém que acabou de conhecer? É comum para uma pessoa muito ativa não se identificar com a possibilidade de simplesmente ficar "à toa".

Algumas pessoas não enxergam nada de mau no ócio, mas não gostam da ideia de serem vistas como indivíduos que já não participam da sociedade de consumo e produção. Tais indivíduos, quando têm condições, podem optar por uma aposentadoria de consumo de experiências e/ou bens materiais, viajando, estudando, comprando etc.

Mas, se o seu caso é diferente, não almeja consumir, mas produzir, pois acha que sempre será cedo para parar de trabalhar enquanto tiver energia criativa, uma mente clara e saúde física suficiente para começar alguma nova jornada profissional, já tomou a decisão de envelhecer produtivamente.

CRIANDO UM LEGADO

Se sua aspiração é não desistir de ser útil (e ser reconhecido por isso) até o final da vida, e além dela, pode iniciar a construção planejada do seu legado. Atividades relacionadas ao ensino, trabalhos voluntários e, em última instância, seu próprio exemplo como pessoa e profissional são parte desse legado, que certamente influenciará os demais.

Um dia, eu estava visitando com meu mestre a pequena gruta onde um famoso *yogi* budista viveu por volta do século X no Nepal. Seus textos são clássicos estudados até os dias de hoje. Olhando para aquele pequeno buraco na rocha, guardado por monges, meu mestre concluiu: "Viveu num buraco e construiu um legado que permanece até os dias de hoje. Desde então, muitos reis construíram palácios enormes e foram esquecidos". Sempre me lembro desse ensinamento. O legado de uma pessoa tem muito menos a ver com a riqueza que ela acumula para seus herdeiros do que com a força com que transforma a vida dos outros.

Para construir um legado, portanto, é preciso dar significado para a riqueza que criamos. Você pode "ressignificar" a produção de riqueza: sabedoria, beleza e melhores relacionamentos também são produtos da experiência humana.

> ○ ○ ○ ○ ○
> *O legado de uma pessoa tem muito menos a ver com a riqueza que ela acumula para seus herdeiros do que com a força com que transforma a vida dos outros*
> ○ ○ ○ ○ ○

É importante frisar que na sociedade de consumo em que vivemos muita gente associa produção de valor com a de riqueza. Para mim, esse é um dos enganos da nossa era. Se você já produziu e poupou o suficiente para toda a vida, não precisa continuar a ganhar dinheiro propriamente dito, como forma de manter-se produtivo. A criação de outras formas de valor humano também enriquece o indivíduo e a coletividade. Por exemplo, um artista que decide doar sua obra está produzindo beleza ao tocar as pessoas emocional e cognitivamente, sem que haja receita. Produzir beleza por meio das artes é uma das formas mais gratificantes de envelhecer, como mostrou a história que contei sobre o meu avô. Esse tipo de elaboração tem um valor intrínseco incomensurável para quem o faz.

> Melhorar as relações é interagir com os outros para proporcionar boas experiências

Outra modalidade de enriquecimento humano é a geração de melhores relacionamentos. Um famoso estudo conduzido pela Universidade de Harvard durante quase oito décadas concluiu que as pessoas que possuem bons relacionamentos são mais saudáveis e felizes na vida.[69] De fato, quando perguntamos a alguém sobre o que tem mais valor na vida, a resposta geralmente aponta para a família, os amigos, um ente querido. O que mais valorizamos são relacionamentos. Melhorá-los é produzir valor com um tipo de moeda percebida por todos, ou seja, ajudar os demais. Da avó que se dedica aos netos ao líder da comunidade, até o senhor que é voluntário na igreja, melhorar as relações é interagir com os outros para proporcionar boas experiências.

Finalmente, criar sabedoria, como chamo, é uma atitude que envolve ajudar as pessoas a tomarem decisões acertadas, criando condições para que elas mesmas encontrem o melhor caminho na vida. Temos muitos mestres na vida, mas ficamos marcados de fato por aqueles que nos permitem errar sem julgamento, nos ajudando definitivamente nas decisões futuras. É difícil explicar como produzir sabedoria, talvez haja mais dela em saber ouvir do que em ensinar diretamente. A sabedoria age ao contrário do instinto, do impulso. Ela é a riqueza mais rara, que nem mesmo os mais ricos podem comprar, e por isso tem tanto valor.

11

DIVERSIDADE ETÁRIA NAS ORGANIZAÇÕES

O DESPERDÍCIO DE TALENTOS NAS EMPRESAS

> *"Você raramente vê uma empresa contratar alguém com mais de 50 anos [...]. Eu estava em um setor onde meu espaço era claramente menor..."*
>
> **(Pablo)**

Para muitos executivos, como aponta Pablo, completar 50 anos de idade traz consigo a sombra do temido fim de carreira corporativa. De fato, em alguns países, principalmente na Ásia, ser jovem é condição essencial para continuar subindo na carreira ou manter-se nela. Pode parecer cruel, mas o excesso de jovens nesses países obriga a sociedade a dar-lhes ocupação. Não é o caso da maioria dos países desenvolvidos da Europa e da América do Norte. No Brasil, apesar de a população estar envelhecendo gradualmente, a proximidade dos 50 anos de idade ainda pesa negativamente para os candidatos às poucas vagas de emprego qualificado que abrem anualmente. Questões socioeconômicas à parte, a realidade é que o ambiente empresarial atual está adotando tecnologias e modos de gestão que são novos para os profissionais mais antigos. Na minha área original (marketing), em vez de investirem na capacitação desses profissionais para atuar no âmbito digital, as empresas optam por contratar pessoas mais jovens que dominam as técnicas mais recentes. Tal comportamento é esperado. A agilidade passou a ser uma fonte de diferencial competitivo para as marcas que participam dos mercados de consumo, e não há tempo a perder.

Esse fenômeno é conhecido pela maioria dos profissionais de recursos humanos como "juniorização" da liderança, afetando principalmente os setores mais dinâmicos do mercado, como tecnologia, varejo e bens de consumo. Além disso, o período em que profissionais de alto escalão permanecem no cargo está ficando mais curto. Uma pesquisa recente realizada por uma companhia de *headhunting* apontou que a média global de permanência de um CEO na empresa é de menos de dois anos por mandato. A velocidade de troca impede a formação de alianças cooperativas internas entre os executivos e os colaboradores, um campo que exige *soft skills*[*] tipicamente encontrados nos líderes mais experientes. Essa dinâmica prejudica os profissionais mais

---

[*] *Soft skills* são competências subjetivas ligadas à maneira como as pessoas se relacionam com outras. Por se tratar de habilidades relacionadas à interação com outros indivíduos, no âmbito do trabalho, as *soft skills* têm grande impacto na motivação e na produtividade de equipes corporativas.

velhos, pois valoriza apenas as competências relacionadas aos conteúdos estratégico e tático da atividade.

Lamentavelmente, alguns recrutadores de talentos dão ênfase demasiada aos conteúdos, cargos e conhecimentos desenvolvidos ao longo da vida profissional, sem prestar a devida atenção nas habilidades que os profissionais mais velhos desenvolveram em suas carreiras originais. Caçadores de talentos conscientes se baseiam nas habilidades, conquistas e na capacidade de aprendizado de novos conteúdos dos profissionais mais velhos para os recomendarem aos seus clientes. Entretanto, muitas vezes bons profissionais são retirados do processo seletivo por não se encaixarem no perfil etário/geracional desejado, revelando o preconceito que ainda existe sobre esse tema. Em realidade, a ausência de uma análise individualizada sobre os requisitos necessários para posições executivas e competências adequadas para elas acaba levando as empresas a adotarem apenas perfis estereotipados como critérios para avaliar se um empregado se encaixa ou não em determinada vaga, criando grandes injustiças com os profissionais acima dos 50 anos.

Felizmente, algumas empresas dão exemplo às demais, implementando programas que incentivam a diversidade geracional em seus quadros. Outras já deixaram de exigir que a idade seja preenchida nas fichas de aplicação para vagas de emprego. No entanto, ainda estamos longe de ter um mercado que trate com igualdade as gerações mais maduras de profissionais.

INSTRUMENTALIZANDO AS ORGANIZAÇÕES PARA RETER PROFISSIONAIS EXPERIENTES

Não é só na seleção de executivos que as organizações perdem talentos mais experientes. A retenção de profissionais mais velhos exige instrumentos corporativos ainda pouco difundidos. À medida que os executivos envelhecem, as metas materiais (objetivas) das empresas vão se distanciando das metas desses profissionais, que passam a ser mais subjetivas. O apelo do *status*, do enriquecimento e da promoção vai se tornando menos relevante, e outros desejos assumem o papel de agentes motivadores. Dessa maneira, os modelos de compensação e promoção deixam de ser atraentes para muitos desses profissionais mais experientes, que têm necessidades e desejos diferentes dos jovens.[70] Para eles, a motivação passa a estar muito mais ligada ao fato de serem ouvidos nas decisões que afetam a empresa.

Entre os seis principais desejos dos profissionais maduros estão: a busca por um estilo de vida equilibrado e saudável, mais tempo para dedicar-se à família, o desejo de ser respeitado e ouvido no trabalho, a aspiração de manter-se relevante, a vontade de criar um legado e o desejo de fazer o que gosta.[71]

De fato, a busca de harmonia entre trabalho e família, por exemplo, é um grande motivador da procura por opções mais personalizadas de jornada (como a parcial) ou com tolerância a escalas compostas por períodos não determinados e de horas de trabalho em casa. Muitos profissionais experientes poderiam continuar atuantes nas empresas em modelos de contratação por projeto, ou como consultores, cuja remuneração se dá por entregas e não por presença no escritório.

As organizações também poderiam aumentar a retenção de profissionais em estágios mais avançados da carreira ao preparar e adaptar o estilo de liderança dos gestores para lidar com eles. Próximo dos 50 anos, os profissionais esperam que seus líderes escutem mais do que ensinem. Desejam que a liderança tenha visão, ou seja, possa criar um mapa para o futuro, em vez de atuar de maneira tática, algo que eles dominam.

Autonomia é fundamental para um profissional com muitos anos de experiência (em geral mais de 20 anos). Por isso, chefes excessivamente "mão na massa" acabam atrapalhando mais do que ajudando no dia a dia.

Como medida para reter profissionais mais velhos de alto desempenho, as organizações deveriam se engajar no entendimento das necessidades físicas e psicológicas desses colaboradores e da dinâmica dos relacionamentos "intergeracionais" no trabalho, evitando estereotipar qualquer colaborador. Os gestores de recursos humanos deveriam facilitar tentativas voluntárias de novas ocupações, e os períodos sabáticos poderiam ser completamente integrados às políticas corporativas para pessoas mais maduras, estimulando a reflexão sobre pontos de desenvolvimento necessários para o ajuste do profissional ao ambiente da organização (*person-environment fit*) ou a busca por outras vocações e a experimentação de novas ocupações.

Essa abordagem seria também uma alternativa ao término abrupto, como ocorre em uma aposentadoria forçada, suavizando seu impacto psicológico para o profissional.

PARA SABER MAIS SOBRE A PESQUISA QUE DEU ORIGEM À OBRA

O estudo que deu origem a esta obra teve como objetivo identificar os fatores psicológicos que motivam empreendedores e executivos *C-level* acima dos 50 anos de idade a iniciarem novas carreiras em áreas diferentes daquelas do seu campo profissional principal.

Um objetivo secundário foi explorar como profissionais seniores vivenciam a transição, indicando padrões de ação e catalisadores-chave nos processos de tomada de decisão. Esses processos para aposentadoria, as teorias sobre transições de carreira e o modelo cognitivo-social de transição de carreira autogerenciada, como proposto por Lent & Brown (2013), foram utilizados como suporte teórico para descrever os processos de transição e as suas vivências. A partir de mais de uma dúzia de entrevistas semiestruturadas, nove foram escolhidas para compor a análise, que resultou em uma monografia acadêmica, apresentada como parte dos requisitos de conclusão do mestrado executivo em Consultoria e Psicologia Organizacional Clínica do INSEAD (EMCCC).

A metodologia de pesquisa usada para identificar temas comuns e significados na narrativa é a Análise Fenomenológica Interpretativa (AFI). Sua premissa básica é de que o intérprete dos resultados reconhece seus próprios vieses ao revelá-los em separado. E, a fim de gerar novos *insights* sobre a essência do fenômeno,[72] o pesquisador deve deixar de lado seu próprio julgamento de valor, enquanto reconhece sua presença no trabalho. O objetivo é retratar a natureza do fenômeno, permitindo que a "realidade" surja das diferentes perspectivas das experiências dos participantes e do pesquisador. O roteiro da entrevista cobriu a sequência de eventos das carreiras de homens, assim como de suas experiências, à medida que os eventos e as transições ocorriam. A AFI é o método ideal para esse tipo de pesquisa por envolver a interpretação das narrativas dos entrevistados – transições de carreira no final da vida adulta – contextualizada pela estrutura psicológica dos processos de tomada de decisão (condições, fatores motivacionais, sequência e catalisadores).

Meus primeiros critérios de seleção para os participantes foram baseados na idade e no gênero. Escolhi somente homens com mais de 50 anos de idade que decidiram começar uma nova carreira após essa fase da vida. Com o propósito de isolar (o máximo possível) e focar somente nos motivadores psicológicos de uma decisão específica, decidi excluir da análise transições involuntárias de carreira. Eu redobrei meus esforços para evitar narrativas de transições forçadas, escolhendo somente profissionais que não precisavam continuar trabalhando (isto é, aqueles que já poderiam ter parado de trabalhar). Meu objetivo era entender os motivadores intrínsecos da transição.

Dez profissionais de seis nacionalidades diferentes participaram da pesquisa original. Mais tarde, para o livro, complementei com trechos de outros sete depoimentos tardios. Todos os entrevistados eram executivos seniores que passaram por uma mudança drástica pós-carreira.

A partir do material coletado, selecionei cerca de 200 citações das entrevistas, agrupando-as em 40 temas a fim de desconstruir e, em seguida, reconstruir as narrativas – gravadas em 15 tópicos gerais (criados a partir da minha interpretação, empregando associação com metáforas), que geraram um modelo com três macrocategorias de decisão. Estas foram produto de um processo sistemático de apresentação para leigos e *feedback* que terminou após mais de uma dezena de rodadas de criação de sentido.

Com a finalidade de tornar a pesquisa mais acessível ao grande público, reescrevi as narrativas para colocá-las em uma linguagem menos acadêmica. Sem perder o rigor técnico da pesquisa, privilegiei neste livro tais relatos. Assim, não me preocupei demais em mencionar as fontes teóricas que utilizei para chegar às conclusões que exponho no livro. Além disso, adicionei novos quadros explicativos e alguns dados provenientes de pesquisas que chegaram a mim depois de o estudo original ter sido publicado. Com isso, creio que deixo para o leitor uma obra esquematizada e de mais fácil leitura.

A monografia original encontra-se disponível no acervo de teses acadêmicas de 2016 do INSEAD (www.insead.edu), sob o rótulo "EMCCC".

CONSIDERAÇÕES FINAIS

Iniciei este livro demonstrando, por meio da minha experiência, como surgem os fatores que motivam as transições de carreira. Expus meu caminho, ilustrei com o belíssimo exemplo deixado pelo meu avô Armando, no intuito de fazer-me compreensível, não correto, tampouco científico. Utilizei a minha pesquisa acadêmica como um dos ingredientes que compuseram este livro, mas não o limitei às fronteiras da análise pura. Procurei usar a mim mesmo como um instrumento para compreender a complexa experiência das diversas pessoas que entrevistei e extrair de seus relatos experiências que, acredito, deverão auxiliar muitos que vivenciam ou estão prestes a iniciar uma transição de carreira tardia.

A revisão da literatura científica e o método de pesquisa qualitativa ajudaram a ajustar as minhas percepções e meus vieses, mantendo-os no contexto testemunhal desta obra, sem pressupor extrapolação universal dos meus achados. Afinal, cada situação é única. Como filosofou Heráclito: "Não se pode entrar duas vezes no mesmo rio". Da mesma forma são as experiências humanas registradas nesta obra.

As histórias que compartilhei na primeira parte do livro foram estratégicas para transmitir a certeza do quanto a própria noção de quem somos está ligada ao trabalho. Os depoimentos mostraram como as transições de carreira são muito mais do que apenas mudanças de atividade: elas detêm o poder de nos transformar também!

Tentei capturar essas transformações internas e externas, organizando-as em uma sequência simplificada para o leitor. Sinto-me feliz com o resultado, pois pude apresentar não só o que ocorreu com os participantes da minha pesquisa, mas, em alguma medida, como eles se sentiram e, principalmente, como tomaram as decisões que os levaram ao sucesso na transição de carreira. Espero ter sido possível tocar alguns leitores com reflexões sobre o significado mais profundo de "ser produtivo" no tempo que ainda temos para viver.

Na segunda parte do livro, tratei de temas mais práticos. Procurei fornecer um roteiro de reflexões e ações para auxiliar as pessoas durante a sua própria transição. Na tentativa de ser objetivo, servi-me de checagens, listas e sugestões diretas sobre como pensar e agir durante as transições para carreiras-bônus. Novamente, a fonte para tais sugestões foi o acervo de depoimentos que obtive em minha pesquisa, combinado com uma ampla revisão de autores internacionais sobre o tema.

No fim, inverti um pouco o ponto de vista para o das organizações. Ao focar no executivo de recursos humanos que gerencia talentos, busquei provocar uma reflexão corporativa sobre a retenção e a gestão da carreira de bons profissionais com mais de 50 anos de idade. Espero ter podido criar algum movimento em direção a uma cultura corporativa menos baseada em estereótipos de idade e mais na meritocracia.

Não sabemos o resultado das nossas ações, mas, quando não realizamos nada, não há consequências para serem observadas. Sinceramente, espero que os depoimentos, as sugestões e as reflexões registradas neste livro deem ao leitor relutante o impulso necessário para agir. Desejo que todos aqueles que estão passando pela transição herdem a segurança dos que já cruzaram a zona de incertezas.

Quis, com este livro, também provocar a faísca da mudança nos profissionais que, depois de décadas, contemplam ser mais felizes em outras carreiras. O resultado dessas transformações é impossível de ser previsto. Talvez a vida lhe pague um merecido bônus no fim da jornada. Ele pode ser em dinheiro, como recompensa de fazer bem o que gosta, ou pode ser apenas subjetivo, um trabalho coerente com seus valores, no qual você é respeitado e competente.

Você tem todo o tempo, a partir dos 50 anos, para trilhar uma nova carreira de sucesso, mas, para isso, precisa criar um espaço na mente e acreditar que esse caminho é possível. A sua idade não importa, afinal, todos nós vivemos no presente. Então, o melhor momento para começar é agora. Reinvente-se!

....
Não sabemos o resultado das nossas ações, mas, quando não realizamos nada, não há consequências para serem observadas
....

REFERÊNCIAS

Introdução

1   SARGENT, Leisa D. et al. *Reinventing retirement:* New pathways, new arrangements, new meanings. Human Relations, v. 66, n. 1, p. 3-21, 2012.

Capítulo 1

2   D'ANDREA, Armando. [*My 100 years*]. Unpublished manuscript. (In Portuguese), 2015.

Capítulo 2

3   HALL, Douglas T. *Careers in and out of organizations.* Thousand Oaks, CA: Sage Publications, 2002, p. 12.
4   SHULTZ, Kenneth S.; WANG, Mo. Psychological perspectives on the changing nature of retirement. *American Psychologist*, v. 66, n. 3, p. 170, 2011.
5   SPERANDIO, Marcelo. Jacques Lewkowicz, o Lew da Lew'Lara, prorroga estágio no Google. *Época*, 2015. Disponível em: <http://epoca.globo.com/tempo/expresso/noticia/2015/07/jacques-lewkowicz-o-lew-da-lewlara-prorroga-estagio-no-google.html>.
6   KIELY, Patricia. *Encore:* finding work that matters in the second half of life By Marc Freedman. Public Affairs, Perseus Books Group. New York, 2009.
7   BRISCOE, Jon. P.; HALL, Douglas T. The interplay of boundary less and protean careers: Combinations and implications. *Journal of Vocational Behavior*, v. 69, p. 4-18, 2005.

QUINN, Joseph. Work, Retirement and the Encore Career: Elders and the Future of the American Workforce. *Journal of American Society on Aging*, v. 34, n. 3, p. 45-55, 2010.

8   MOEN, Phyllis; LAM, Jack. Retirement and Encore Adulthood: The New Later Life Course. *International Encyclopedia of Social & Behavioral Sciences*, 20, p. 592-597, 2015.

9   FASBENDER, Ulrike et al. Deciding whether to work after retirement: The role of the psychological experience of aging. *Journal of Vocational Behavior*, v. 84, n. 3, p. 215-224, 2014.

10 QUINN, Joseph. Work, Retirement, and the Encore Career: Elders and the Future of the American Workforce. *Journal of American Society on Aging*, v. 34, n. 3, p. 45-55, 2010.

11 ZHAN, Yujie et al. Bridge employment and retirees' health: A longitudinal investigation. *Journal of Occupational Health Psychology*, v. 14, n. 4, p. 374, 2009.

12 SARGENT, Leisa D. et al. Reinventing retirement: New pathways, new arrangements, new meanings. *Human Relations*, v. 66, n. 1, p. 3-21, 2012.

13 HALL, Douglas T. *Careers in and out of organizations*. Thousand Oaks, CA: Sage Publications, 2002, p. 12.

14 MANIERO, L. A.; SULLIVAN, S. E. Kaleidoscope careers: An alternate explanation for the opt-out revolution. *The Academy of Management Executive*, 19, p. 106-123, 2005.

15 SHULTZ, Kenneth S.; OLSON, Deborah A. Employability and Career Success: The Need for Comprehensive Definitions of Career Success. *Industrial and Organizational Psychology*, 6, p. 17-38, 2013.

16 HALL, Douglas T. *Careers in and out of organizations*. Thousand Oaks, CA: Sage Publications, 2002, p. 90.

17 HALL, Douglas T. *Careers in and out of organizations*. Thousand Oaks, CA: Sage Publications, 2002, p. 12, 38, 52 e 93.

18 HALL, Douglas T. *Careers in and out of organizations*. Thousand Oaks, CA: Sage Publications, 2002, p. 121.

19 MURPHY, Wendy M.; VOLPE, Elizabeht H. *Encore careers*: Motivating factors for career exit and rebirth. Handbook of gendered careers in management: Getting in, getting on, getting out, Edward Elgar Publishing, Northampton, MA, US, 2015, p. 425-444.

20 GAZICA, Michele W.; SPECTOR, Paul E. A comparison of individuals with unanswered callings to those with no calling at all. *Journal of Vocational Behavior*, 91, p. 1-10, 2015.
21 HALL, Douglas T. *Careers in and out of organizations*. Thousand Oaks, CA: Sage Publications, 2002, p. 52.
22 IBARRA, Herminia. *Working Identity*: Unconventional Strategies for Reinventing Your Career. Boston, MA: Harvard Business School Press, 2003, p. 53.

Capítulo 3

23 HALL, Douglas T. *Careers in and out of organizations*. Thousand Oaks, CA: Sage Publications, 2002, p. 190 e 244.
24 ASHFORTH, Blake E. *Role transitions in organizational life*: An identity based perspective. Mahwah, NJ: Lawrence Erlbaum Associates, 2001, p. 233.
25 KETS DE VRIES, Manfred F. R. The Retirement Syndrome. *Insead Working Papers*. 2003/37/ENT. Singapore, 2003.
26 KIELY, Patricia. *Encore*: finding work that matters in the second half of life By Marc Freedman. Public Affairs, Perseus Books Group. New York, 2009, p. 9.
27 HALL, Douglas T. *Careers in and out of organizations*. Thousand Oaks, CA: Sage Publications, 2002, p. 153.
28 HALL, Douglas T. *Careers in and out of organizations*. Thousand Oaks, CA: Sage Publications, 2002, p. 153.
29 IBARRA, Herminia. *Working Identity*: Unconventional Strategies for Reinventing Your Career. Boston, MA: Harvard Business School Press, 2003, p. 12.
    BRIDGES, William. *Transitions*: Making sense of life's changes. Cambridge, MA: Da Capo Press, 2004, p. 91.
30 HALL, Douglas T. *Careers in and out of organizations*. Thousand Oaks, CA: Sage Publications, 2002, p. 223.

Capítulo 4

31 HALL, Douglas T. *Careers in and out of organizations*. Thousand Oaks, CA: Sage Publications, 2002, p. 53.

Capítulo 5

32 SHULTZ, Kenneth S.; WANG, Mo. Psychological perspectives on the changing nature of retirement. *American Psychologist*, v. 66, n. 3, p. 170, 2011.

33 MOEN, Phyllis; LAM, Jack. Retirement and Encore Adulthood: The New Later Life Course. *International Encyclopedia of Social & Behavioral Sciences*, 20, p. 592-597, 2015.

34 LENT, Robert W.; BROWN, Steven D. Social cognitive model of career self-management: Toward a unifying view of adaptive career behavior across the life span. *Journal of Counseling Psychology*, v. 60, n. 4, p. 557-68, 2013.

35 FELDMAN, Daniel C.; BEEHR, Terry A. A Three-Phase Model of Retirement Decision Making. *American Psychologist*, v. 66, n. 3, p. 193-203, 2011.

36 WÖHRMANN, Anne M.; DELLER, Jürgen; WANG, Mo. Outcome expectations and work design characteristics in post-retirement work planning. *Journal of Vocational Behavior*, v. 83, n. 3, p. 219-228, 2013.

37 HALL, Douglas T. *Careers in and out of organizations*. Thousand Oaks, CA: Sage Publications, 2002, p. 35-45 e 160.

38 LENT, Robert W.; BROWN, Steven D. Social cognitive model of career self-management: Toward a unifying view of adaptive career behavior across the life span. *Journal of Counseling Psychology*, v. 60, n. 4, p. 557-68, 2013.

39 BANDURA, Albert. *Social foundations of thought and action*: A social cognitive theory. Englewood Cliffs, NJ: Prentice-Hall, 1986.

40 CORBETT, David; HIGGINS, Richard. *Portfolio Life*. San Francisco, CA: John Willey & Sons, 2007, p. 91.

41 HALL, Douglas T. *Careers in and out of organizations*. Thousand Oaks, CA: Sage Publications, 2002, p. 122.

42 HALL, Douglas T. *Careers in and out of organizations*. Thousand Oaks, CA: Sage Publications, 2002, p. 144.

Capítulo 6

43 IBARRA, Herminia. *Working Identity*: Unconventional Strategies for Reinventing Your Career. Boston, MA: Harvard Business School Press, 2003, p. 84.

Referências

44 KEGAN, Robert; LAHEY, Lisa L. The Real Reason People Won't Change. *Harvard Business Review*, 2001.

45 IBARRA, Herminia. *Working Identity*: Unconventional Strategies for Reinventing Your Career. Boston, MA: Harvard Business School Press, 2003, p. 156.

46 IBARRA, Herminia & PETRIGLIERI, Jennifer L. Identity work and play. *Journal of Organisational Change Management*, v. 23, n. 1. Emerald Group Publishing Limited. Fontainebleau, France, 2010.

47 IBARRA, Herminia & PETRIGLIERI, Jennifer L. Identity work and play. *Journal of Organisational Change Management*, v. 23, n. 1. Emerald Group Publishing Limited. Fontainebleau, France, 2010.

Capítulo 7

48 IBARRA, Herminia. *Working Identity*: Unconventional Strategies for Reinventing Your Career. Boston, MA: Harvard Business School Press, 2003, p. 34.

49 CÁLCENA, Esteban. [*A change in professional identity in career transition*] (Unpublished master's thesis). Universidade de São Paulo, São Paulo, Brazil, 2012. (In Portuguese).

50 HALL, Douglas T. *Careers in and out of organizations*. Thousand Oaks, CA: Sage Publications, 2002, p. 117.

51 IBARRA, Herminia. *Working Identity*: Unconventional Strategies for Reinventing Your Career. Boston, MA: Harvard Business School Press, 2003, p. 54.

52 IBARRA, Herminia. *Career Transition and Change:* Working Paper Series. Insead, Singapore, 97/OB, 2004a.

53 IBARRA, Herminia. *Career Transition and Change:* Working Paper Series. Insead, Singapore, 97/OB, 2004a.

54 IBARRA, Herminia. *Career Transition and Change:* Working Paper Series. Insead, Singapore, 97/OB, 2004a.

55 HALL, Douglas T. *Careers in and out of organizations*. Thousand Oaks, CA: Sage Publications, 2002, p. 52.

56 CORBETT, David; HIGGINS, Richard. *Portfolio Life*. San Francisco, CA: John Willey & Sons, 2007, p. 143.

57 COLLAMER, Nancy. *Second-Act Careers: 50+ Ways to Profit from Your Passions During Semi-Retirement*. Potter/TenSpeed/Harmony, 2013, p. 53.

Capítulo 8

58 Informação verbal fornecida por Isabel Menzies Lyth em palestra.
59 IBARRA, Herminia. *Working Identity*: Unconventional Strategies for Reinventing Your Career. Boston, MA: Harvard Business School Press, 2003, p. 82.
60 HALL, Douglas T. *Careers in and out of organizations*. Thousand Oaks, CA: Sage Publications, 2002, p. 35-45 e 160.
61 HALL, Douglas T. *Careers in and out of organizations*. Thousand Oaks, CA: Sage Publications, 2002, p. 299.
62 SHULTZ, Kenneth S.; WANG, Mo. Psychological perspectives on the changing nature of retirement. *American Psychologist*, v. 66, n. 3, p. 170, 2011.
63 MURPHY, Wendy M.; VOLPE, Elizabeht H. *Encore careers: Motivating factors for career exit and rebirth*. Handbook of gendered careers in management: Getting in, getting on, getting out, Edward Elgar Publishing, Northampton, MA, US, p. 425-444, 2015.
64 CÁLCENA, Esteban. [*A change in professional identity in career transition*] (Unpublished master's thesis). Universidade de São Paulo, São Paulo, Brazil, 2012. (In Portuguese).
65 CÁLCENA, Esteban. [*A change in professional identity in career transition*] (Unpublished master's thesis). Universidade de São Paulo, São Paulo, Brazil, 2012. (In Portuguese).

Capítulo 9

66 HALL, Douglas T. *Careers in and out of organizations*. Thousand Oaks, CA: Sage Publications, 2002, p. 132.
67 HALL, Douglas T. *Careers in and out of organizations*. Thousand Oaks, CA: Sage Publications, 2002, p. 153.
68 HALL, Douglas T. *Careers in and out of organizations*. Thousand Oaks, CA: Sage Publications, 2002, p. 213.

Capítulo 10

69 MINEO, Liz. Harvard study, almost 80 years old, has proved that embracing community helps us live longer, and be happier. *The Harvard Gazette*, April, 11th 2017.

Capítulo 11

70   LEE, Yuen. Turning Matured Employees from Liability to Asset. *Annals of Psychodynamic-Systemic Practioner Research*, INSEAD, v. 2, p. 113-122, 2018.

71   LEE, Yuen. Turning Matured Employees from Liability to Asset. *Annals of Psychodynamic-Systemic Practioner Research*, INSEAD, v. 2, p. 113-122, 2018.

72   CRESWELL, John. *Qualitative Inquiry and Research Design, Choosing Among Five Approaches*. (K. V., H. L., K. K., B. B., M. M., & H. A., Eds.). University of Nebraska, Lincoln, USA: Sage Publications Inc, 2013, p. 82.

Pré-impressão, impressão e acabamento

grafica@editorasantuario.com.br
www.graficasantuario.com.br
Aparecida-SP